抖音上的财富

带货盈利月入5万
秘技大公开

吕澜希　编著

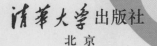
清华大学出版社
北京

内 容 简 介

本书主要讲解抖音短视频策划、制作、引流、盈利等方面的方法与技巧，帮助抖音从业者迅速掌握抖音短视频制作和直播的相关知识，并实现快速盈利。

全书共分11章：第1章概述短视频行业的现状，分析抖音在短视频平台中成为佼佼者的原因；第2章介绍抖音的盈利渠道；第3章介绍抖音内容策划的方向与盈利的两大商品品类；第4章从制作技巧、原则、标题、团队合作等方面入手，介绍如何打造爆款抖音短视频；第5章介绍16类常见视频的拍摄要点及注意事项；第6章介绍短视频的后期处理；第7章介绍抖音吸粉的方式和途径；第8章介绍如何推广抖音短视频；第9章介绍搭建抖音矩阵的方法；第10章介绍抖音带货的实战技巧；第11章介绍如何利用抖音短视频与直播功能进行卖货盈利。

本书内容全面，案例丰富，应用贴近一线，实操性强，非常适合抖音从业者、产品市场营销人员、企业营销管理人员阅读。本书也适合高等院校和培训学校新媒体相关专业的教学参考用书。

图书在版编目（CIP）数据

抖音上的财富：带货盈利月入5万秘技大公开/吕澜希编著. — 北京：清华大学出版社，2021.3
ISBN 978-7-302-57160-5

Ⅰ. ①抖… Ⅱ. ①吕… Ⅲ. ①网络营销 Ⅳ.①F713.365.2

中国版本图书馆CIP数据核字（2020）第260308号

责任编辑：夏毓彦
封面设计：王　翔
责任校对：闫秀华
责任印制：沈　露

出版发行：清华大学出版社
　　　　　网　　址：http://www.tup.com.cn, http://www.wqbook.com
　　　　　地　　址：北京清华大学学研大厦A座　　　　　　邮　编：100084
　　　　　社 总 机：010-62770175　　　　　　　　　　　邮　购：010-62786544
　　　　　投稿与读者服务：010-62776969, c-service@tup.tsinghua.edu.cn
　　　　　质量反馈：010-62772015, zhiliang@tup.tsinghua.edu.cn
印 装 者：三河市铭诚印务有限公司
经　　销：全国新华书店
开　　本：190mm×260mm　　　印　张：15.25　　　字　数：390千字
版　　次：2021年3月第1版　　　　　　　　　　印　次：2021年3月第1次印刷
定　　价：69.00元

产品编号：088398-01

现代年轻人业余时间最喜爱的娱乐 APP 是什么？相信大部分人的回答如出一辙—抖音。从无人知晓到月活跃用户上亿，高速发展的抖音仅用了 2 年时间就与快手平分秋色，甚至更胜一筹。要知道，快手从问世到牢牢抓住二三线城市的用户，花了整整 5 年的时间。

时至今日，抖音已经拥有了无可替代的活力以及庞大的用户群体，使得它与微信、微博并称为流量洼地的三驾马车。抖音的用户画像日益丰富，人群边界也不断扩容。从新媒体角度来看，抖音已经成为宣传观点、推广品牌、销售卖货的佳选平台之一。

无数用户奔着巨大的红利，前赴后继地入驻抖音，但却不是每个人都能满载而归。在前期的"野蛮"生长期过去之后，抖音的生态环境已经悄然改变，想要在抖音上成功卖货，必然需要成熟的运营方式及推广技巧，方能在众多竞争对手中占据一席之地。

为了帮助抖音播主实现成功带货盈利，本书通过调研和分析了众多抖音带货的案例，并将其中成功案例的经验进行整理、提炼。本书中还对抖音目前的生态文化做了详细剖析，讲解了关于抖音卖货短视频前期的策划、制作、拍摄，以及后期的吸粉、引流、盈利等相关知识，既可以帮助新手播主稳步进入抖音，也能给成熟的播主查漏补缺之用。

希望读者通过本书的阅读，能在实际操作中将理论知识化为实操技巧。并预祝读者在抖音世界中崭露头角，大获成功。

编 者

2021 年 1 月

抖音上的财富

详解抖音卖货短视频的

策划、制作、拍摄、吸粉、引流与盈利

结合成功案例，贴近实际，可操作性强

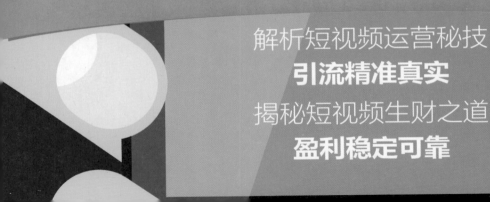

解析短视频运营秘技

引流精准真实

揭秘短视频生财之道

盈利稳定可靠

第**1**章

抖音：不容错过的财富风口

随着移动网络的高速发展，短视频行业也在迅速发展。据艾瑞咨询预计，2021年短视频市场规模预计达到2000亿，短视频行业潜力巨大，无论是碎片化信息的有效传播，还是用户之间的深度分享，短视频都具有极大的优势。尤其是在即将来临的5G时代，短视频APP将会成为更加快捷、方便的宣传利器。如今，市面上流行的短视频APP大约有十几款，抖音无疑是其中最亮眼的一匹黑马。

抖音是新的流量蓝海、营销价值洼地，无论是想扩大品牌宣传，还是提升产品销量，抖音都是商家的不二之选，正是因为抖音具有如此大的流量，专业化的抖音运营在急切的市场需求下应运而生，有需求就有市场，有市场就有财富。抖音，一定是你不容错过的财富风口！

1.1

直播与短视频：成就抖音一夜爆红

在这个互联网高速发展的时代，流量就是焦点。继近几年的文字型新媒体平台发展到达拐点之后，直播与短视频已经成为当前互联网的新风口。

2011年，快手推出了短视频APP的前身——GIF快手，掀开了国内短视频创作的第一页。但是由于网络速度、移动上网费用等因素的限制，很长一段时间内，GIF快手及其他同类型的APP，都处于不温不火的状态。直到4G网络普及，直播、短视频行业才逐渐迎来了自己的春天。

2014年，大量承载着直播功能的短视频APP如雨后春笋般崛起，如美拍、秒拍、小咖秀等，如图1-1所示。

图1-1

越来越多的资本进入短视频市场，其中最引人注目的，莫过于由今日头条孵化的直播短视频社交软件——抖音APP。时至今日，抖音注册用户数已超过10亿，日播放量超过200亿，国内日活跃用户超过1.5亿，长期占据各大应用下载榜榜单排名前10以内。许多素人（普通人，行业术语）通过抖音一夜成名，例如火爆一时的"答案茶"。

2018年1月，一条以"一杯会占卜的奶茶"为主角的短视频，在抖音上广为流行，这条视频播放量高达883万次，获得点赞量高达23万次，如图1-2所示。当时，"答案茶"联合创始人秋涵与她的合伙人甚至还没开始运营实体店，在看到抖音上的"答案茶"火爆时，秋涵迅速决定开实体店。如今，"答案茶"已有百余家加盟店。

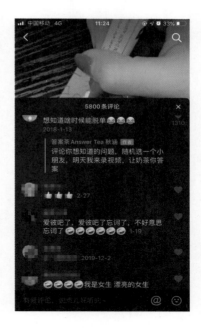

图1-2

抖音能在一夜之间让一杯奶茶家喻户晓，与它本身的火爆息息相关。那么，抖音为何突然之间爆红起来呢？其原因如下：

- 短视频内容简短，内涵丰富，完全符合现代人碎片化的娱乐需求。只需要15秒，用户（本书中，抖音用户指短视频的观众）就可以看完一个有趣的故事、了解一个新颖的观点。
- 视频这一富有感染力的呈现方式，升级了微博、微信的图文时代，也颠覆了传统的广告业。
- 随着移动互联网4G时代的来临，网速提升、资费下降，用户可以随时随地观看短视频。
- 短视频内容创作团队不断输出优质内容，短视频领域逐渐扩大，内容越发生动有趣。
- 今日头条的流量倾斜和重点扶持，让抖音稳定发展的同时，增长更加迅猛。

另外，除了短视频功能版块，2017年年底，抖音还新增了直播功能。直播是一种全新的交互模式，观众在观看直播的过程中可以直接与主播进行互动。这种直观而又具有强烈互动性的交流形式非常适合进行商品推销。因此，直播平台迅速成为一众商家的"线上商场"，而直播平台的主播们也纷纷开始"带货"，通过推销商品赚取佣金。

通过直播，李佳琦从一个月薪6000元的欧莱雅专柜柜员变身为名气主播"口红一哥"，在短短10分钟的直播内，他为雅诗兰黛创造超过40万元的营业额，由此可见，他直播的带货、变现能力令人咋舌。李佳琦的直播现场如图1-3所示。

图1-3

　　除了强大的带货能力外，直播行业的另一个主要特征是娱乐性，这与抖音的短视频版块特征一致。抖音的基础用户数量庞大，给抖音直播带来了十分可观的流量，正因如此，抖音官方更是大力发展直播版块，众多短视频播主纷纷加入直播行列，使得抖音直播越发火爆。

1.2

直播的类型

　　直播在媒体发展史上具有划时代的意义，作为一种能进行实时互动的媒体形式，它兼顾着娱乐大众与内容生产两大作用。经过近几年来的不断发展，直播的平台、主播以及用户的数量都在不断地创新高。想要了解直播，首先需要了解直播的四大基本类型。

1. 游戏直播

　　游戏直播是以电子竞技为主要内容的直播，也是如今占据市场份额较大的一种直播类型。很多游戏行业的大V以及平台都在进行此类直播，主要的平台有虎牙、熊猫、哔哩哔哩等。国内游戏直播市场以"官方赛事+第三方自由赛事"为基础，构建出了一套自有的游戏直播产业链。图1-4所示为哔哩哔哩直播2020年某场英雄联盟比赛的情况。

图1-4

　　游戏直播的主要观看群体大多是年轻的电子竞技爱好者，根据某市场调研机构的报告显示，2017年电竞直播覆盖用户大约为3.85亿，其中1.91亿为忠实粉丝，2019年电竞用户数量为4.7亿人，电竞整体市场规模达到了1175.3亿元。

2. 泛娱乐直播

　　泛娱乐直播是直播领域的后起之秀，也是目前发展态势良好、商业模式成熟、观众群体稳定的一种直播类型。泛娱乐涵盖范围极广，文学、动漫、影视、音乐等都可以纳入泛娱乐的范畴，其主要直播平台有映客、花椒、快手、抖音等。目前，泛娱乐直播已经占据直播市场的大部分份额，它发展迅速，收益丰厚，同时对播主的综合能力要求较高，竞争门槛也较高。抖音中两位播主的泛娱乐直播例子，如图1-5所示。

图1-5

泛娱乐直播的目的是打造明星IP，运营粉丝经济，它是一种面向所有类型观众的直播类型。2017年国内在线直播用户规模达到3.98亿，2018年则更是突破了4亿。

> **你问我答**
>
> 什么是"IP"？
>
> IP是Intellectual Property的缩写，可以理解为知识产权。IP有很多种，例如"哈利波特"、"西游记"是小说IP，"李佳琦"、"papi酱"是个人IP等。

3. 电商直播

电商直播是由"电商+直播"组成的新型直播类型，也是电商在传统推广方式的红利消退的情况下，提升销售额的一种带货方法。作为一种强互动性的营销方式，直播受到很多网友的喜欢，其观众大多是电商平台的忠实用户，尤其以女性居多。电商直播的主要平台是各大电商APP，如淘宝、京东、蘑菇街等，淘宝更是推出了自己的专属直播APP"淘宝直播"供商家使用。淘宝直播的首页与商家直播的页面，如图1-6所示。

图1-6

4. 教育直播

教育类直播是教育和直播相结合的直播类型。当严谨的学术文化和网络技术开始连接时，传统教育的时空界限便被打破了。在教育直播开始之前，录播是传统在线教育的主要形式，但课程录播大多是讲师自说自话、没有互动，故教师难以维持高昂的情绪状态，而直播课程则能很好地让师生之间进行互动，从而提高教学效果。

教育直播的观众多数是学生，教育与直播的结合让学生接受教育更加便利。与偏娱乐化的秀场、游戏直播不同，直播界的"网红"教师们，可以通过平台为部分教师资源不足的地区提供教学帮助。许多直播平台都陆续上线了教育类直播，例如花椒、映客、虎牙、抖音等。2020年上半年，教育直播迅猛发展，甚至办公类软件钉钉也上线了课程直播功能。钉钉中某课程的直播情况，如图1-7所示。

直播作为在线教育的重要手段，早在2017年就受到大量企业的青睐。在胡润研究院2017年发布的"独角兽指数"榜单中，教育行业中，包括沪江、知乎、猿辅导等在内的八家企业均有上榜，而这些公司90％以上的核心战略为教育在线直播。

图1-7

1.3

短视频的类型

短视频也是一种近年来十分流行的休闲娱乐方式和营销方式，它的类型很多，分类方法也很多。短视频按不同内容和形式大致可以分为以下7种。

1. 生活分享类短视频

这种类型的短视频一般是用户随手拍摄并上传的，记录和分享日常生活的短视频，内容多样，生活中发生的任何事情都可能会成为视频中的内容，包括记录与宠物的欢乐时光，或者生活中突发的有趣事件等，时长一般在1秒到1分钟之间，如图1-8所示。

2. 技能分享类短视频

这种类型的短视频一般是通过简单的拍摄、剪辑，与粉丝分享生活小技巧、美妆等方面的技能，时长一般在1分钟左右，如图1-9所示。

图1-8

图1-9

3. 片段截取类短视频

这种类型的短视频一般是选取热播电视剧、电影中的精彩片段，进行分类剪辑后分享到平台，时长一般在1秒至3分钟之间，如图1-10所示。

4. 纪录片类短视频

这种类型的短视频可以看作时长较短的纪录片。它的内容相对完整，制作也较为精良，时长一般为1分钟至3分钟。部分想要进行广告宣传的商家，会选择拍摄和制作这种类型的短视频，如图1-11所示。

图1-10

图1-11

5. 网红创作类短视频

这种类型的短视频创作主体一般都是活跃在网络中的高人气播主，其视频内容贴近生活，但会根据播主所擅长的领域不同而有所差异，一般时长在3分钟左右。

6. 创意剪辑类短视频

这种类型的短视频一般是截取原有完整视频的片段，利用剪辑、特效等技巧，加入创意、解说等元素制作而成，时长一般在3分钟以上。这类短视频最常见的内容是解说电影中的片段，如图1-12所示。

7. 情景短剧类短视频

这种类型的短视频以创意或搞笑的内容为主，时长视剧情内容从十几秒到5分钟之间，如图1-13所示。

图1-12

图1-13

1.4

直播与短视频的商业营销

随着互联网的不断发展，商业营销的方式也在不断变化，从微博、公众号等文字型新媒体平台到直播、短视频平台，内容越来越丰富。有流量的地方就有市场，直播与短视频的商业营销，改善了传统互联网营销成本高、转化率低的现状，也开启了视频营销的模式，让商家们更好地对产品及品牌进行宣传。

那么，如何利用直播与短视频进行商业营销呢？首先需要了解基本的直播与短视频营销模式，才能在后期的营销过程中获得最大化收益。

1. 营销模式，五步搞定

有一个经典高效的营销模式叫做"AISWS"模式，这种模式以其实现的5个步骤进行命名，分别为：

- Attention（注意）：利用封面吸引观众的注意力，让观众点击播主的直播或短视频页面。
- Interest（关注）：利用标题文案引起观众的关注，例如使用热门的文案、夸张有趣的标题等，让观众停留在播主的页面。
- Search（搜索）：引导观众主动在互联网上搜索播主视频里的相关内容，例如出现的物品、提到的地点等。
- Watch（观看）：利用优质的内容让观众观看直播以及短视频，让他们持续停留在页面，停留时间越长，说明内容黏度越高，后期营销的效果也会越好。
- Share（分享）：让观众自主分享直播或短视频链接，可以使其呈现裂变式传播，营销效果超乎想象。

利用好"AISWS"模式，能帮助新媒体团队更好、更快捷地进行营销，使团队策划的直播、短视频内容在很短的时间内裂变式地传播。

2. 精准营销，高效推广

直播与短视频的商业营销虽然已经逐渐变为主流的营销方式，但是也存在着一些不可避免的缺陷。比如，在某些直播与短视频的观众中，存在着大量的"无用"用户，也就是只看不买、无法产生商业效益的用户。因此，如何将直播、短视频用户更多地转化为有价值的用户，如何实现精准、高效的营销，是商家需要突破的关键所在。

第一，商家要做到分门别类，不同类型采取不同推广方式。直播与短视频类型产生的播放效果不同，对营销推广的影响很大。例如，用搞笑类的情景短剧类短视频，来推广单价较高的高端产品，或者是在游戏直播时推广教育类产品，推广效果肯定是不尽人意的。

反之，当选择用制作精良的纪录片类短视频来推广高端产品，或者是在电商直播时推广淘宝的爆款产品，获得的营销推广效果就会比较理想。所以，如果商家想要使营销推广的效果较好，目标人群的关注程度更高，就应该根据用户的喜好来使用不同类型的直播和短视频进行营销。

第二，商家需要锁定客户，针对人群共性进行推广。在进行营销推广时，应该考虑到不同的直播短视频平台，其用户类型是不完全一样的。显而易见，商家们最好不要随意将同一段推广视频放在不对口的平台上进行宣传，否则效果一定是不理想的。当然，也不能为了省事，就直接在所有的平台上进行投放，这样做是对资源的浪费。正确的方式是，根据目标受众的特征，利用直播和短视频推广的流程如下：

- 根据营销目的，锁定目标客户。
- 利用资料，分析目标客户的特征。
- 根据目标客户的特征，匹配投放平台的用户画像。
- 打造有区别的直播和短视频内容，选择目标平台进行投放。

1.5

8大主流平台的特点与用户群体分析

说到直播与短视频，人们的第一反应可能就是各式各样的手机APP，例如抖音、快手、虎牙等。它们不仅给新媒体团队和商家提供了直播以及短视频推广的良好平台，也给普通用户提供了度过碎片时间的新选择。这些平台各具特色，为不同喜好的用户提供了多样化的选择。目前市场上共有8大主流短视频平台，新媒体团队应当深入了解这些平台的特点，并结合自身情况，选择合适的发展平台。

1. 抖音：记录美好生活

以"记录美好生活"为广告词的抖音APP，其页面设置十分简洁。用户打开APP后，就能在首页中直接浏览抖音推荐的短视频，页面中并没有关于短视频领域的分类，如图1-14所示。

在抖音中，正在播放的短视频没有提供明显的"播放"与"暂停"按钮，视频与视频之间采取的也是无缝衔接的切换模式，用户想要浏览下一条短视频，只需用手指向上轻轻一划。这种与"刷微博"类似的短视频浏览方式，很容易让用户沉迷其中，对抖音"上瘾"。

此外，抖音的独有特色——音乐主题拍摄，这个特色不仅让抖音出产的短视频节奏明快，富有感染力，也给当代年轻人提供了另一种展现自我的方式。抖音为用户提供丰富的音乐素材作为短视频的配乐，用户也可以自己上传音频作为短视频的配乐。

据统计，抖音的大多数用户年龄在25~30岁之间，主要用户也分布在一二线城市，这意味着，新媒体团队如果想要抓住一二线城市的年轻人这一主要用户群体，首选的渠道就是抖音APP。

2. 快手：记录世界，记录你

快手自2012年转型为"短视频社区"以来，就着重于记录被主流媒体忽视的人群的生活——普通人的生活。快手的首页为封面展示型，用户可以通过短视频的封面自行选择视频进行浏览，如图1-15所示。

图1-14

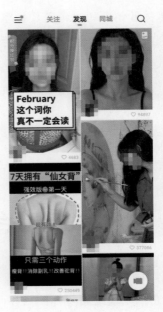

图1-15

在"记录世界，记录你"的广告词背后，快手坚持不对某一特定群体进行运营，也不与明星或知名主播签订合约，而是平等地对待每一位用户。快手的产品定位面向所有人，开放给每一个人，所有用户都可以运用快手来记录生活中有意思的人或事。

根据某平台数据显示，快手用户的男女比例较为均衡，差距很小，年龄在25岁及以下居多，其次为26~35岁人群。快手的主要用户分布在二三线城市，其中农村用户居多。

3. 微视：发现更有趣

微视是BAT三大互联网巨头之一——腾讯旗下的短视频创作和分享平台，它是腾讯的战略级产品，一直在不断更新和研发新功能，如图1-16所示。

你问我答

什么是"BAT"？

BAT是百度、阿里巴巴和腾讯三大互联网品牌的首字母缩写，B指百度（Baidu），A指阿里巴巴（Alibaba），T指腾讯（Tencent）。

微视的内容是基于品牌广告词"发现更有趣"来运营和推广的。从某些方面来看，微视与抖音有着很大的相似之处，当然也存在一些不同。

- 在短视频拍摄页面，微视的"美化"功能包括了4项内容，相对于其他APP，多了"美妆"和"美体"两项，且在美化拍摄主体方面，其功能呈现出更加细化、多样化的特征。
- 微视的"定点"功能和"防抖"功能也是微视短视频拍摄的亮点之一，新媒体团队利用微视的"定点"和"防抖"功能，可以拍摄画面更加稳定的短视频。

艾瑞数据平台统计显示，微视的女性用户比男性用户更多，占到总用户数量的60%以上。从用户年龄上来看，和其他短视频APP一样，也是35岁及以下的人群为主要观看群体。

4. 美拍：每天都有新收获

美拍是厦门美图网科技有限公司开发的视频软件，它集直播、手机视频拍摄和手机视频后期处理等功能于一身，其首页如图1-17所示。

图1-16　　　　　　　　　　　　　　　　　图1-17

美拍面世后，赢得了初期短视频用户的狂热追捧，其上线可以说是开启了短视频拍摄的大流行阶段。之后，经过众多明星的大力推荐，它更是深入到了众多用户的心中。

美拍平台主打"美拍+短视频+直播+社区平台"的综合功能，即从视频拍摄到分享，形成了一条完整的生态链，在短视频发展早期，受到了许多用户的喜爱。

美拍的用户群体和其他短视频APP有较大的不同，美拍的女性群体约占据了总用户人数的73.90%，年龄在35岁及以下的人群约占据用户总人数的86.09%，25~35岁的年轻人约占据63.54%。这意味着，25~35岁的年轻女性是美拍的主要用户群体，这也符合美拍和美图公司专注"女性向市场"的发展战略。

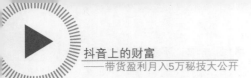
5. 火山：让世界为你点赞

火山小视频是一款由北京微播视界科技有限公司研制发布的手机视频软件，后来更名为"抖音火山版"。抖音火山版号称"最火爆的短视频社交平台"，它以视频拍摄和视频分享为主，其首页如图1-18所示。

抖音火山版诞生于短视频软件满天飞的时期，但仍然能在短视频领域获得一席之地，原因在于它与市面上众多的短视频APP相比，具有一些独特之处：

- 基于精准的大数据算法，为用户提供个性化内容推送。
- 提供直播功能和K歌功能，实现功能多元化。
- 抖音火山版为了加快发展，吸引更多人的关注和参与，推出了一系列与小视频相关的扶持计划，如15秒感动计划、百亿流量扶持创作者计划、10亿补贴计划等。

因此，新媒体团队在抖音火山版上进行推广时，一方面可以借助该应用的特点打造个性化视频，实现长期盈利；另一方面可以借助平台的扶持政策。如果运营得当，还可以做到二者兼得。

从用户画像分析，抖音火山版与抖音的用户重合度比较低。抖音火山版的男性用户比例略高于女性用户，主要用户群体为年龄在31岁及以上的人群。

6. 西瓜：给你新鲜好看

西瓜视频是今日头条旗下的独立短视频应用，同时也可看作是今日头条平台下的一个内容产品。通过西瓜视频平台，用户可以分门别类地观看短视频，甚至是电影、电视剧等，其首页如图1-19所示。

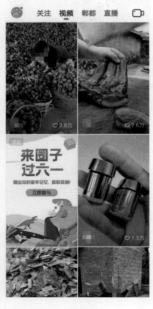

图1-18

图1-19

西瓜视频的定位与其他短视频APP存在一定不同，这也催生了西瓜视频在功能上，拥有其他短视频APP所不具有的特色，具体如下：

- 基于西瓜视频与今日头条平台的关联，新媒体团队可以通过今日头条平台的后台进行短视频的运营和推广，这是西瓜视频的优势和特点之一。
- 除了普通的短视频内容的分享与观看，用户还可以在西瓜视频上看到热播的电视剧和一些独家版权的电影。

在用户群体方面，从西瓜视频的用户群体性别来分析，其男性用户占比较高，约为54%；40岁及以下用户约占70%以上。

7. 梨视频：做最好看的资讯短视频

梨视频是由深具媒体背景的专业团队和广大拍客共同创造，专注提供深度编辑的聚合内容及原创报道的资讯类短视频，如图1-20所示。

梨视频自2016年上线后，由第三方制作的栏目数已从十多个扩增到几百、上千个，但梨视频的目标远不止于此。它的制作团队希望梨视频APP不仅能够传播自身生产的内容，还能为生产优质内容的广大拍客、专业内容供应商提供优质的平台传播途径。

除了专注于资讯内容，梨视频APP还有以下特色：

- 立享收益的拍客网络：梨视频的拍客网络作为平台中UGC的唯一资讯来源，其设立的稿费制度以及奖金制度很好地成为拍客们的创作动力。梨视频官方也会周期性的发布主题，让拍客们针对主题去拍摄相关内容。
- 小组社区社交：梨视频中的每个订阅栏目都有专属的小组社区，用户可以通过关注栏目加入到小组中，对自己偏好的话题进行讨论，跟其他用户进行互动交流。

你问我答

什么是"UGC"？

UGC的全称为User Generated Content，也可以叫作UCC（User-Created Content），意思是用户生成内容、用户原创内容。但它并不是某种具体的业务，而是一种用户使用互联网的新方式，即由原来的以下载为主转变成下载和上传并重。

梨视频的主要用户中，男性比例大于女性，并且25~35岁以及35岁以上的用户居多，这也正说明了这个年龄段的男性更关心社会时事与新闻。

8. 秒拍：超火爆短视频分享平台

秒拍是由炫一下（北京）科技有限公司推出的短视频分享APP，其首页如图1-21所示。它的定位是"最新潮"短视频分享APP，提供炫酷的MV主题、清新文艺范的滤镜、个性化的水印和独创的智能变声功能。

图1-20

图1-21

明星合作向来是秒拍的主要特色，许多明星都曾经为秒拍助阵，合作拍摄了宣传海报以及短视频，为秒拍吸粉无数，效果非常显著。此外，秒拍还有以下特色：

- 秒拍采用了扁平化的设计风格，使用更加简单、便捷，核心曝光资源更加优质。
- 秒拍提供了多种内容创造形式，比如图片加视频的内容创作形式，全面支持4K横屏高清观看以及竖屏手持沉浸体验等。
- 秒拍的社交关系来源于微博的大数据，而在这之上建立的全新互动玩法和运营，也是秒拍的特色所在。

据统计，秒拍APP的用户中，女性用户的比例更大。在年龄方面，用户群体中约80%以上是16~35岁的青少年，这也正是秒拍APP大量使用明星合作所带来的追赶潮流的用户群体。

1.6

挑选平台的4个考虑因素

短视频平台众多，但是如何挑选适合自身商业推广运营方式的短视频平台呢？新媒体团队可以从以下4个考虑因素入手进行斟酌。

1. 调性

不同的平台有不同的属性和特点，用户也是如此。选择平台的时候要思考短视频内容的发展方向、定位以及营销的目的，了解各平台的调性与用户特点，找到适合的目标用户群体。例如，针对男性向（行业术语）的手表、剃须刀等商品，如果放在以年轻女性用户为主的美拍进行推广，就不太合适。

2. 规则

平台对于调性一致的内容更加欢迎，但是每个平台都有自己的规则，要学会对内容进行调整，使之更加符合推广平台的要求。视频多渠道分发时，可以根据不同平台的规则来分别剪辑视频。例如，在某些APP上不允许直接出现店铺的LOGO、店名等内容，如果新媒体团队需要在这个平台发布短视频，就需要将视频中含有这些内容的部分剪辑掉。

3. 推荐

通过好的渠道获取推荐位，提高自己栏目的曝光率。获取一个好的推荐位至关重要，比如今日头条，没有推荐就相当于没有阅读量。随着越来越多的创作者入驻各个平台，平台的要求也越来越严格，平时运营中要着重获取平台的各类资源。例如，着重于咨询的梨视频APP，对一些质量高的视频不仅有流量补贴，还有现金补贴，新媒体团队在运营过程中需要考虑如何获取这些资源。

4. 合作

在资金成本有限的情况下，可以选择通过与部分渠道合作，将自己栏目授权给这些渠道发行，不仅可以节省人力成本，还可以扩大多个渠道的影响力。另外，要注重多渠道发展，以避免遇到某一平台上的账号出现意外被查封，那么一切积累就都化为乌有了。之前提到的8大主流平台，都是比较好的推广选择。

1.7

平台众多，为何抖音独大

每一款互联网产品火爆的背后都矗立着一个时代风口，这些风口会推动着产品不断向前发展。微信、微博等社交平台，都是抓住了移动互联网时代的初期风口而火起来的。随着人们对碎片化娱乐的需求越来越大，短视频无疑成为了一个新的移动互联网风口，市场上也涌现出越来越多的短视频平台，抖音无疑是其中的翘楚。那抖音是如何在众多平台中脱颖而出，成为目前市场上最火爆的短视频平台的呢？主要原因有以下7点。

1. 邀请当红明星入驻平台

明星背后一般都有着大量的粉丝，这些粉丝就是巨大的流量，因此抖音邀请了多位明星入驻平台，从而吸引喜爱这些明星的粉丝们也进入平台注册账号。目前入驻抖音的明星们，包括知名的歌手、演员、主持人等，他们身后的粉丝群体都十分庞大，入驻平台不需要很长时间就可以收获成百上千万的粉丝量。例如某知名主持人，入驻抖音后不久就积累了超过3000万的粉丝，如图1-22所示。

此外，明星们的粉丝还可能会模仿或者跟拍明星们发布的短视频，这样可以增加用户在平台的活跃度。同时，他们还可能会转发明星拍摄的短视频，这也在一定程度上促进视频的传播，并提升平台的知名度。

图1-22

2. 利用独特定位吸引用户

抖音将自己定位为一款音乐创意短视频社交软件，专注于打造属于年轻人的音乐短视频社区，鼓励用户从15秒开始，用短视频记录自己的美好生活，如图1-23所示。

图1-23

抖音的这个独特定位使它在众多短视频平台中脱颖而出，并为其带来了无限商机。这个定位中的3个关键点是：15秒、音乐和社区。视频长度建议为15秒，使用户不得不压缩视频内容，从而提升视频内容的质量。其次，配乐是抖音的一大特色，所有的用户在发布短视频时，都可以为视频选择一段节奏感十足的配乐，让视频更具感染力。

视频互动社区也是最吸引用户的定位关键点。用户在抖音上，既是观众，又是创作者；既可以用视频记录自己的美好生活，又可以欣赏其他创作者创作的优质视频内容。这意味着抖音让用户在展现自我的同时，还能用视频交友，这样，用户自然更加愿意使用抖音。

此外，抖音自上线以来已经更新了数十次，但每次更新它都紧扣着自己的产品定位，不断地提升用户的体验，这也是它能够不断吸引用户入驻的关键。

3. 独有的算法增加了视频的曝光度

抖音有一套独特的视频推荐机制，即机器人加人工审核。该套机制采用了迭代社交算法，能够根据用户的自画像，为不同的用户推荐他们喜欢的视频，这些推荐视频的标签往往跟用户的自画像十分吻合，因此提高了用户对推荐的视频的满意度。

此外，迭代社交算法还可以增加用户在视频互动圈的曝光度，让视频被更多的人看到，如此一来，用户的创作欲望自然会上升，那么平台的用户活跃度也就随之上升了。

4. 培养原生网红提升内容质量

网红可以说是当今时代的另一种明星，能带动一定的流量。如果某位网红在某个平台很活跃，那么同时也会吸引一些粉丝，进入其所在的平台。因此，抖音培养了一批属于自己平台的原生网红，"摩登兄弟""朱荣君-兔子牙"就是典型代表，如图1-24所示。

图1-24

这些原生网红，不仅可以帮助平台吸引更多的用户，培养一定的粉丝群体来增加平台的用户黏性，还可以为平台创作出优质的视频内容，从而提升平台的内容质量。

5. 商业盈利促进了平台的推广

抖音的火热，让很多商家和投资者都看到了这个平台的商业价值，因此，众多商家以及想要通过抖音变现的人们，都纷纷涌入抖音，运营属于自己的抖音号，这在一定程度上让更多的人了解了抖音，并促进了抖音的推广。

抖音为了增加平台的商业盈利价值，还增加了抖音小店和购物车等可以帮助播主变现的渠道，并且增加了商品栏目，用户可以直接在商品栏搜索自己需要的商品，如图1-25所示。

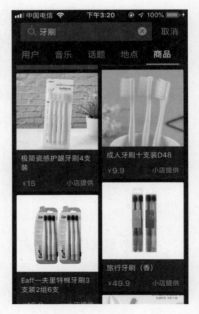

图1-25

6. 举办各种推广活动提升用户的参与度

抖音自上线以来，举办了各种各样的推广活动，例如校园达人、音乐赛、科普竞赛等活动，这些活动在为用户提供创作灵感的同时，也激励了用户参与视频创作，这在一定程度可以提升平台的用户活跃度和增加平台的用户黏性。如果用户认为这些活动有趣又好玩，可能还会邀请身边的朋友或者家人参与活动，这样也会为平台增加很多新用户。

例如，抖音在2019年年末的时候，开展了一个"发财中国年"活动，只要用户参与活动，录制相关的短视频就有可能获得红包。参加活动的用户短视频画面，如图1-26所示。

图1-26

7. 多种功能融合解决用户沟通需求

抖音虽然是一个短视频互动平台，但是它却具有很多和微博、微信类似的功能，例如"共同关注过某个人的粉丝所发布的视频""你关注的人点赞过的视频"，这满足了用户想通过视频进行社交的需求。此外，抖音还内置了社交私聊功能，用户如果对某个创作者感兴趣，就可以点击用户头像旁的"私信"按钮，与播主进行交流，如图1-27所示。

图1-27

与此同时，抖音还衍生了社交APP"多闪"，来解决用户交流沟通的需求。抖音这一从用户需求出发、不断增加平台功能的做法，使它成为当今最火爆的短视频平台。

1.8

深入了解抖音上的商业生态

抖音，通过数年的发展，已经成为新时代的宠儿，短视频行业的领头羊。它凭借超高的日活用户量和超强的带货能力，成为电子商务团队和创作达人们最喜爱的商业营销APP之一。从答案茶到李佳琦，抖音在获得大量的流量涌入之后，第一件事做了什么？

抖音是一款娱乐类的社交短视频APP，在获得流量与用户之后，并开始对用户提供服务，以寻求新的盈利点。抖音在成为流量旋涡的第一时间就对标微博，开启了自己的商业化进程。

流量变现和建立良好的商业生态网络都不是容易的事情，抖音选择了直接连接变现的终点站——电商。在抖音发布的短视频中可以添加小黄车（淘宝购物车）直接引流到淘宝，用户在加购之后，可以直接返回抖音继续浏览视频，或者点击下方的短视频继续观看，这就形成了"短视频（直播）→电商→短视频"这条一体化的商业生态链，如图1-28所示。

图1-28

1.9

❖

如何进行自我定位与受众定位

　　播主如果想要自己的账号在短视频领域中脱颖而出，就必须为账号做一个清晰的定位，使潜在的粉丝能够一眼识别出来。此外，播主还需要联合新媒体团队，对账号进行受众定位，找到目标用户的实际需求点，这样才能不断地吸引新的粉丝关注账号。

1. 明确账号要面对的目标用户群体

　　播主如果想要找出目标用户群体，应该先从抖音平台的用户群体入手，对比分析其特点，然后再在抖音庞大的用户群体中，细分账号计划服务的用户群体。

　　根据相关数据显示，快手平台的用户群体主要以三四线城市的居民为主，而抖音的用户群体大多在一二线城市，用户的收入普遍都比较高。因此抖音应该针对这部分群体来确定账号要面对的粉丝群体。此外，筛选目标用户群体还应该围绕以下3大核心要素来考虑：

● 挖掘目标用户的需求。抖音的用户群体非常庞大，这些用户的需求也是多种多样的，新媒体团队只要找准自身账号所面对的用户的需求就行，切记不要贪多，为了满足非目标用户的需求，而使自己的账号失去了特色。

- 抓住内容红利的先机。截至2019年，抖音的日活跃用户量已超过1.5亿，月活跃用户量超过3亿。这样庞大的用户规模带来的是巨大的用户红利，因此众多的商家与新媒体团队都涌入抖音，意图瓜分抖音的用户红利。但目前抖音的用户红利正在慢慢消失，反之正在慢慢崛起的是内容红利。内容红利是指，新媒体团队要使短视频内容具有人格化的特点，也就是视频内容要体现播主的个人特色，这样才能让用户为优质内容买单。

- 打造传播矩阵。用户群体过多，随之需求也就会变多，一个账号是难以同时满足这些用户需求的。当账号做到一定量级以后，所面对的用户的需求点也会越来越多，这时运营者就可以尝试做矩阵账号来满足目标用户的不同需求。矩阵账号是指，用户可以围绕目标用户群体的不同需求点，建立不同的账号，然后做不同的内容输出。

2. 确定视频的内容场景

抖音的短视频内容十分多样化，平台存在着多种类型的短视频。因此，播主想要自己的视频从如此丰富的内容生态中脱颖而出，就必须做好账号的内容定位，使自己的视频内容具有特色，让粉丝一眼就喜欢上。而要使视频内容具有特色，就必须为视频选择一个独特的内容场景，从内容场景入手，去发掘可以令用户感兴趣的内容选题。确定视频的内容场景并定位账号的视频内容，需要经过以下7个环节：

- 进行市场调研和数据统计分析，确定账号的定位。
- 借助场景分割法，明确目标用户群体容易出现的高频场景。
- 结合盈利的可能性，进行场景选定，并确定视频内容的定位和标签。
- 确定账号的定位以后，应该进行视频人物形象设定和人员分工安排。
- 人员分工安排好以后，就需要结合月度选题大会和视频内容季度规划，确定分镜脚本。
- 进行视频拍摄和剪辑，并将视频上传到平台。
- 进行视频推广，然后依据视频的数据回馈，做好数据统计分析，并根据分析结果适当地调整账号定位。

在这7个环节中，场景分割法是确定内容场景的关键。场景分割法就是，运营者围绕目标用户群体，进行发散思维，考虑目标用户可能所处的场景和在他们身边可能发生的事件，然后筛选出平台中那些还没被其他账号做过的内容场景，以及可能在目标用户身边发生的高频场景，然后围绕这个场景来做视频内容规划，力求能够借助视频内容拉近账号运营和用户的心理距离，从而让这些用户能够自发地关注账号。

3. 确定账号标签

确定账号标签是进行自我定位和受众定位的关键步骤。好的账号标签，就像一张独具特色的名片，能够让用户在众多账号中，迅速发现该账号，同时使用户留下深刻的印象并记住该账号，从而在一定程度上能够增加用户的黏性。此外，确定账号标签的重要性还包括以下两方面：

- 可以让账号被系统记住：明确的账号标签可以让系统知道这个账号会持续输出哪些视频内容，系统会将该账号输出的视频内容推送给可能会对这类视频感兴趣的用户。
- 可以吸引用户关注账号：账号依据标签定位，持续地向用户输出他们感兴趣和需要的视频内容，与账号标签相符的用户，自然愿意关注账号了。

账号标签如此重要，所以运营者在确定好账号标签以后，最好不要随意更改。因为就算更改了标签，系统仍然会将账号后续新推出的视频，推送给对原来的账号标签感兴趣的用户，如此一来，这些用户可能就会对这些新推送的视频不满意，视频的互动率也会因此降低，最后可能会导致账号被不断地降权，以至成为一个"僵尸号"。

例如，抖音上的某个科普账号，其账号标签就是科普，内容为分享大多数人不知道的冷知识、奇葩的人和事等，如图1-29所示。

图1-29

该账号所输出的视频内容与其标签相符，粉丝十分喜欢，但如果该账号将账号标签更改为美食，输出的视频也多与美食相关，那么系统还会继续向账号的粉丝推荐视频，但原本喜爱冷知识分享的粉丝并不一定会喜爱美食内容，该账号的粉丝满意度自然会下降。

4. 确定视频中角色的人设

目前抖音上的视频展现形式，主要以真人出镜为主，因此必然就要提到播主的人设设定。人设就是指这个视频中角色的日常爱好、内在性格、外在形象、职业、阶层等信息共同营造出来的一个人物形象。好的视频人设可以让账号更具特色，从而让用户记住该账号。新媒体团队在精准打造视频中人物的人设时，需注意以下4点：

- 人设贴近用户画像。人们总会对与自己相似的事物产生好感，因此如果播主的人设能够贴近目标用户群体的画像，那么这个人设就更有可能被粉丝所接受。此外，播主的人设最好能够接地气一些，这样可以让用户更容易对播主心生好感，也更有可能关注账号。

- 单人出镜和多人出镜相结合。视频拍摄可以单人出镜和多人出镜相结合，这样播主可能不止一位，这时运营团队就可以打造两个人设。这两个人设的差异化对比最好要大一些，视频就会更有戏剧冲突特色和效果。而且两个不同的人设可以吸引不同的粉丝群体，一部分粉丝可能喜欢这个人设，另一部分粉丝可能喜欢那个人设，如此账号便能积累更多的粉丝。

- 人设要有正能量。人们对善意的、令人产生向上力量的视频更容易有好感，并且正能量的视频内容，也更容易得到系统的推荐。因此，运营团队打造的播主人设必须要有正能量，在视频中表演行为也要令人产生积极的力量。

- 账号评论区的风格要与人设相符。如果播主的人设崩塌，给账号带来的影响可能是毁灭性的。因此运营团队在确定好账号播主的人设以后，应该好好维护好这个人设。维护人设最重要的一点就是，播主在评论区的回复风格应该与视频中的人设相符。例如，表演者在视频中的人设是一个很幽默的人，那在回复粉丝评论时，语句最好也要幽默风趣一些，回复如果能够令粉丝捧腹大笑，那么效果就更好了。

1.10

直播与短视频需要用到的硬件

"工欲善其事，必先利其器。"，想要进行一场优质的直播或者拍摄一个高质量的短视频，总是少不了合适的硬件设备，那么，做一场直播或者拍摄一部短视频通常需要哪些设备呢？

1. 手机

手机是常见的、轻便易携的拍摄设备。目前，市场上大部分的智能手机像素都很高，其自带的相机功能已经可以拍出一段合格的短视频。另外，还可以直接使用手机中的短视频APP进行特效与滤镜等设置。

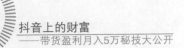

手机拍摄短视频的优势十分突出，其缺点也是比较明显的。手机拍摄短视频的优缺点如图1-30所示。

图1-30

图1-30中镜头能力弱的含义是，目前手机镜头的分辨率普遍在1000万像素以上，但因为手机采用的是数码变焦功能，想要放大远处的物体，需要摄影师移动机身。如果在手机中直接放大远处的物体，则会造成视频清晰度的降低，得到的图像效果较差。尽管手机拍摄短视频存在这些缺点，但它还是短视频拍摄新手的"好伙伴"。

2. 单反相机与摄像机

单反相机与摄像机也是常用的视频拍摄设备。单反相机与摄像机相比，相对经济实惠、轻便易携带。摄像机则具有单反相机无法比拟的专业性，同时体积较大，携带比较困难。

近几年，数码单反相机的普及程度越来越高，价格也逐渐下降，同时，单反相机的功能也越来越强，可以满足播主们对高清画质的摄像需求，它的优点是：

● 机身相对而言较为轻便。

● 价格比摄像机便宜。

● 派生出来的视频画质比手机更专业。

单反相机可以说是介于手机与摄像机之间的一种折中选择，它的性能要强于手机，但是价格低于摄像机，是刚入门、并有足够经济条件的播主与运营团队比较合适的选择。常见的单反相机如图1-31所示。

摄像机是拍摄专业水平视频的必备工具，常用于电影、电视剧或新闻采访等大型专业视频的拍摄。摄像机体型较大，不易携带，拍摄者拍摄时需要长时间手持或者肩扛，但在专业性上是无可比拟的。

业务级摄像机具有独立的光圈、快门以及白平衡等设置，拍摄起来画质清晰度很高，且电池蓄电量大，可以长时间使用，自身散热能力强。但是价格相应地也比一般设备高出许多。常见的摄像机如图1-32所示。

图1-31 图1-32

目前，使用业务级摄像机来拍摄短视频或进行直播的新媒体团队并不多，团队可以按照自身需求对拍摄设备进行选购，选购时，可以结合自身经济情况以及拍摄需求，尽量不超预算购买，也不"大材小用"。

3. 麦克风

在描述观看一部电影的感受时，许多人会用到视听效果这个词。视听效果是指视觉与听觉两个方面的享受。直播与短视频虽然受许多方面的限制，无法与电影相比，但如果能在视觉与听觉两个方面着手进行提升，一定能为观众带去更好的观看感受。

直播与短视频的视觉效果，因为受多方面的影响，想要进行提升有些困难。但听觉效果的提升相对比较容易，可以在拍摄时借助麦克风来实现。麦克风是决定声音质量的专业工具，常见的麦克风如图1-33所示。

图1-33

利用麦克风录制声音拍摄而成的短视频，音质比较理想。麦克风具有很强的适配性，可以与任意一种拍摄设备相结合，它有有线与无线两种连接方式，在使用时不受拍摄设备的限制。如果播主需要进行歌唱类的直播或者视频录制，对音质要求比较高，那么就需要选用专业的麦克风，以保证成品的声音效果。

4. 三脚架与自拍杆

三脚架与自拍杆都是自拍者的好帮手。因为各种各样的原因，播主只能一个人进行直播或拍摄短视频，要怎样保证拍摄设备处于最佳位置，并且保持不动呢？这时，三脚架与自拍杆就派上用场了。当进行定点拍摄时，可以选用三脚架固定拍摄设备；进行动态拍摄时，可以用自拍杆来拉远拍摄的距离，使画面容纳的面积更大，为拍摄创造更多可能性。

　　三脚架是一款用途广泛的辅助拍摄工具，无论是使用智能手机、单反相机，还是使用摄像机拍摄视频，都可以用它进行固定。它的三只脚管形成了一个稳定的结构，与自带的伸缩调节功能结合，可以将拍摄设备固定在任何理想的拍摄位置，常见三脚架如图1-34所示。

　　三脚架有两个关键的选择要素：稳定性与轻便性。制作三脚架的材质多种多样，包括高强塑料材质、合金材料、钢铁材料、碳纤维等，较为轻便的材料制成的三脚架更加便于携带，适合需要辗转不同地点进行拍摄的播主使用。在风力较大，或者放置底面不稳定的情况下，可以制作沙袋或者其他重物进行捆绑固定，维持其稳定性。而通常在固定场景拍摄短视频的播主，可以选用重量较大的三脚架。

　　除三脚架外，自拍杆也是短视频拍摄过程中常见的道具，它相当于延长了拍摄者的手臂长度，将可增大拍摄的画面面积，能帮助播主通过自带遥控器完成多角度的拍摄动作，常见的自拍杆如图1-35所示。

图1-34　　　　　　　　　　　　　　　　图1-35

　　在手持自拍杆进行拍摄时，由于自拍杆长度较长，播主只能手持一端进行拍摄，因此画面稳定性无法保证。新一代的自拍杆除了能手持拍摄外，还增加了"三脚架"的功能，可以在一定程度上解放播主的双手，但由于材质与长度的问题，仍然存在一定局限性，无法完全替代三脚架。

5. 补光灯

　　想要拍摄出画面精良的短视频，光线十分重要。不管是在室内进行直播或视频录制，还是在室外进行路人采访、美食探店，光线控制一直都是一个难题。要想一步到位地解决光线问题，在预算有限的情况下，新媒体团队可以选择短视频的"补光神器"——补光灯进行辅助。

　　补光灯可以固定在拍摄机器上方，对拍摄主体进行光线补充，拍摄团队在移动机位进行拍摄时，就无须担心光源位置的改变。补光灯有多种类形，运用范围较广泛的是环形补光灯，如图1-36所示。

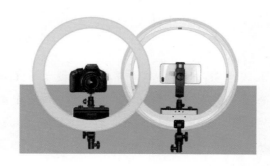

图1-36

在大多数情况下，直播与短视频的拍摄主体都是播主，补光灯可以让播主在镜头下显得清晰又自然，可为上镜效果加分。同时，与普通光源相比，补光灯的光源位置不仅是一个点，还是一个环形，因此它的光线不刺眼，能给播主带来更好的拍摄体验。

补光灯还能在人眼中形成"眼神光"，让播主上镜更加有神。播主若对补光灯的颜色不满意，或者室内光有一定的"色差"，就可以通过调节补光灯的色温来搭配出令自己满意的色温效果。

1.11

5G来了，你准备好了吗

5G时代已经来临。在5G时代下，短视频将会面临怎样的变化呢？我们从内容与形式两个方面进行推测。

1. 内容方面

5G网络具有高速率、低时延、大连接的特点。由于视频传播对网络速度的依赖程度比较大，随着5G时代的到来，网速的制约也许会被逐步破除，短视频将直接受益于此，而成为人们的基础生活消费形式，进而成为内容传播的绝对主力。

在内容上，前5G时代最火的短视频，在迈入5G时代之后或将经历"去粗取精"的阶段，这意味着优质、垂直的内容将以更快的速度触达用户，并快速扩散，而无效、低质的内容也会被快速过滤掉。

2. 形式方面

也许4G已经能够满足目前人们的大部分需求，但5G将会带来更大的惊喜，这些惊喜中最值得期待的，莫过于虚拟现实技术、人工智能技术，以及物联网技术。在5G与这三大技术相结合后，能够为未来短视频的发展提供技术保证。短视频也将融入这几大场景，并产生超乎想象的变化：

- 融合虚拟现实技术。在 5G 时代，随着虚拟现实技术与5G网络通信技术的融合，将有助于为短视频的快速发展提供机遇。5G更具高效传播的特点，新媒体团队可以通过应用虚拟现实技术、5G 网络通信技术，打造高清的虚拟现实视频，为用户提供分享、上传、直播短视频的优质平台。所以，基于5G，应用虚拟现实技术的短视频将成为重要形态，提高了短视频行业的专业水平。

- 融合人工智能技术。近年来，我国针对人工智能技术的应用发布了多项政策，并将人工智能技术的发展提升至战略层面，人工智能技术的应用得到了重大突破。5G在短视频领域的应用，与人工智能技术相结合，将能形成新型的产业。通过与人工智能技术进行融合，用户能够更清晰地了解到短视频的传播对象、背景、内容等，为用户之间实现分享、互动提供平台。在 5G 时代，人工智能主播可高效播报内容，并将播报内容发布于短视频平台，扩大播报内容的影响范围。

- 融合物联网技术。5G网络通信技术与物联网技术相融合，有助于实现物联网与短视频的合作双赢，诸如短视频平台与移动医疗、智能家居等行业合作，推动新型短视频模式与物联网应用的同时发展。物联网技术在进入新媒体领域之后，能够凸显 5G 时代带来的新媒体机遇、社交机遇，会显著地改变传媒生产要素与链条，渗透于更多领域的实业中，并优化短视频的盈利模式、广告模式、内容等。

1.12

这些"雷区"一定不要碰

许多行业新人并不熟悉短视频平台的规则，就已经成为播主。但不熟悉新领域的规则，就无法避免不应触碰的"雷区"，这意味着播主时时刻刻都面临着未知的风险，这样是无法在领域中脱颖而出的。所以新媒体团队包括播主，应当提前认识这些"雷区"，在后期的内容制作过程中避免"踩雷"，才能制作出更好的作品。

1. 法律方面

短视频运营者在进行选题与内容策划时，千万不能触碰到法律的红线。除了大家清楚要远离的"黄赌毒"之外，即便是一些看上去并非"大奸大恶"的行为，也可能属于国家明令禁止的违法行为。

2. 道德方面

短视频行业的风气在发展过程中不断被净化。在早期也曾出现过许多猎奇与边缘化行为的短视频。今天，由于审核机制不断完善，这类视频已经完全不允许发布。新入行的新媒体团队也要坚守道德底线，做到不发布涉及他人隐私的视频，不发布虚假消息，特别是含有未经验证的虚假病理知识，或治病偏方等。由于短视频的传播速度快、范围广，这类视频一经发出，可能会造成十分严重的后果。

3. 平台规则方面

除了不能触碰道德与法律的底线，平台的规则也是不能轻易违反的，违反平台规则可能导致权重降低或者封号的结果。不同平台的具体规则不尽相同，但是大致上都包括："不能营销、出现硬广和LOGO""不能盗用他人短视频或含有水印"等。特别需要注意的是，许多平台是明令禁止分享、售卖违法违规的药品和保健品的，新媒体团队要时刻注意规避。

第2章

不可不知的抖音内容盈利渠道

  商界流行着一句话"不盈利的企业就没有存在的必要",这句话在抖音中也同样适用。不论新媒体团队运营何种内容形式的抖音账号,其最终目的都是实现盈利,逐步实现长久的盈利。那么,抖音账号到底如何实现盈利呢?其盈利的渠道包括哪几种呢?新媒体团队要提前掌握相关知识,才能为账号策划出更精准的发展方向。

  从盈利角度来讲,抖音盈利的主要渠道有7种,分别是在短视频中插入广告、短视频或者直播带货、发展付费内容收取粉丝费用、直播吸引粉丝打赏、成立自有品牌、赚取平台分成和补贴,以及炒IP吸引投资。

  广告、打赏是最初始阶段的盈利模式,付费内容和赚取分成是比较小众的盈利模式。吸引投资是难度比较大的盈利模式,需要把账号做到一定规模才有可能实现。而带货和成立自有品牌则是目前较常见的盈利模式,很多短视频达人都建立了自己的个人品牌,或与电商平台合作实现盈利。但是,不同类型的短视频,其盈利方式也有所不同。短视频盈利方式的选择,需要因人而异、因时而异。

2.1

5类常见的代播广告

广告盈利是一种运用范围广泛的变现方式，也是短视频盈利的常用方式。广告变现的形式多种多样，在抖音短视频中插入广告的方式可以分为5种不同类型。

1. 插播广告

用户在观看一段视频时，可能会出现一个和视频内容无关的广告。这类广告一般在片头（前播广告）、片尾（后播广告）或者是播放中（插播广告）出现，有时候点击广告页面会弹出新的网站或页面，如图2-1所示。

- 优势：这是传统商家最熟悉的广告模式，和普通的电视广告模式一致，在短视频中进行插播时，不用对广告做很多改变。同时，作为目前主要的视频广告形式之一，商家能通过在大量网站中投放广告，获得客观、全面的广告受众回馈。
- 劣势：广告插播时会流失部分没有耐心的用户，这些用户只是想花少许时间看一段简单的视频而已。这类用户或许会因为突如其来的插播广告，变得心情烦躁，直接放弃浏览这段视频。

2. 互动广告

互动广告是简单地在插播广告同时加入了互动元素，例如可以点击的互动小游戏，如果邀请用户参与进去，这些广告的时长就会超过普通的插播广告，如图2-2所示。

图2-1　　　　　　　　　　　　　　　　图2-2

- 优势：这种广告的定制性很高，会让用户印象更加深刻，相对于插播广告，有时会获得更长的广告播放时间。
- 劣势：不是所有的平台都支持互动广告的形式，而且部分用户会觉得这种形式的广告是在打扰自己。

3. 覆盖广告

短时间出现在视频顶端或底部的文字或图像广告，类似于常见的电视字幕广告。当用户将鼠标指向或点击广告时，会弹出更大的广告幅面，或者打开新网站，如图2-3所示，图中左侧的红色广告条就是典型的覆盖广告。

- 优势：不会打断用户的观看过程，同时很多电视观众很习惯这种广告形式，因此覆盖广告也成为广告主在平台投放广告时，选用较多的一种模式。
- 劣势：有些用户将覆盖广告视为一种打扰，可能会因此对视频的发布者产生负面的情绪，甚至导致视频制作团队流失部分用户的情况。

4. 邀请广告

邀请广告与覆盖广告类似，但是广告信息只会在恰当的时机简短出现，而不是一直存在于视频中，如图2-4所示。

图2-3

图2-4

- 优势：不像覆盖广告那样打扰用户，能有效地让目标受众看到，并且在用户最可能点击的时候出现。
- 劣势：出现时间较短，可能部分用户难以注意到广告的存在，这种情况会降低广告对用户的触达率，影响投放效果。

5. 伴随广告

伴随广告是指与视频播放画面同时出现的、静止的横幅广告。选择这种类型广告通常是视频的赞助商，同时还会选择投放插播广告、覆盖广告等形式，如图2-5所示。

图2-5

- 优势：伴随广告在视频播放的整个过程中都在给用户传达品牌信息，并邀请用户点击广告以访问广告主网站，或者弹出新窗口，能给用户留下较为深刻的印象。
- 劣势：不是所有的视频都能为伴随广告留下广告位，因此这种广告方式仅仅在某些特定的赞助活动中出现。

2.2

3种常用的带货渠道

抖音短视频由于短、快、有趣等特点在用户之间广为传播。如今，"抖音带货"已经成为最热门的话题，淘宝商城中也出现了越来越多含有"抖音同款""抖音推荐"等关键词的商品。

抖音短视频的长度一般在15秒左右，在短暂的时间内点出用户的痛点，同时展现产品的特点，能给用户留下十分深刻的印象。因此，在营销方案的配合下，短短十几秒的优质抖音短视频就很有可能带红、带爆一款产品。

如今，许多的百万粉丝级别的抖音号，他们的视频中也逐渐出现了带货商品的购物车跳转链接，这就意味着有越来越多的商家开始进入抖音平台进行产品推广和品牌推广。抖音平台中，常用的带货渠道主要是抖音商品分享功能、抖音小店，以及抖音小程序商城。

1. 抖音商品分享功能

商品分享功能也就是大家常常提到的"小黄车"的功能，该功能让播主可以在抖音视频或者直播间中添加并分享商品。用户在点击"小黄车"后，页面会直接跳转到淘宝、京东等第三方电商平台，如图2-6所示。

图2-6

开通商品分享功能，需要满足两个条件：第一，播主个人主页公开发布、且通过审核的视频数大于或等于10；第二，开通账号的粉丝数量（绑定第三方粉丝量不计数）大于或等于1000。

添加至购物车的淘宝商品，首先要求是淘宝联盟中的商品，其次需要符合一定的类目要求，最后是该商品的佣金要达到20%或20%以上。

2. 抖音小店

抖音小店是头条系的电商接口，播主开通抖音小店之后，可以在今日头条、抖音、抖音火山版的个人主页展示专属的店铺页面，店内商品可以通过微头条、视频、文章等多种方式直接曝光，用户可以在头条系的APP上获取商品信息和购买商品，并且在购买后会直接转化为粉丝。如此一来，就形成了一个完整的流量闭环，播主可以获得更多的成交量和利润。

抖音小店的入口和商品分享功能的入口类似，可以从"小黄车"以及账号主页的商品橱窗进入，但是点击之后会直接出现购买页面，不会跳转至第三方平台，如图2-7所示。

图2-7

商家开通小店功能需要缴纳保证金：单个类目下，个体商户缴纳2000元；企业商家缴纳4000元；单个以上类目，个体商户及企业都需要缴纳10000元的保证金。

3. 抖音小程序商城

商家提供企业或者个体营业执照，即可开通橱窗、视频、直播以及达人分销功能，也就是抖音小程序商城。商城可以让粉丝在抖音内部直接购买商品，不用跳转至新页面，商家也无需缴纳保证金，如图2-8所示。

图2-8

抖音小程序商城没有第三方抽成，只需要支付给抖音一定的服务费和手续费，达人分销可自由设置佣金比例，账期较短。更为方便的是，小程序商城可以在微信上进行管理，以及进行用户数据分析。抖音小程序商城是目前成本较低、很受欢迎的抖音带货方式。

2.3

付费观看内容

2016年被戏称为"知识付费元年"，各类付费音频栏目遍地开花。2016年，我国知识付费领域市场的交易额就达到了1382亿元，同比增长126.6%，大约有7亿用户参与到了知识付费领域。但是对短视频来说，知识付费依旧是门槛较高的盈利方式。

目前短视频的付费视频以教学课程收费为主，作为一种新兴的视频盈利方式，它被越来越多的观众所接受。线上授课已经有了许多的成功案例，普通大众对其接受度越来越高，如图2-9所示。

图2-9

付费教学课程的视频往往比一般的教学视频更加专业，具有精准的指向与较强的知识属性。另外，短视频的时长较短，对于需要学习的用户来说，接受信息的时间不会过长，这是短视频知识盈利的一大优势。但是，从另一个角度上看，较短的时间又限制了教学内容，使其内容表达不够全面，成为阻碍知识付费的一大障碍。所以，新媒体团队如果想要通过知识付费来实现盈利，则需要打开思路，寻求能击中观众痛点的内容与形式。

2.4

直播盈利——吸引粉丝打赏

随着盈利方式的不断拓展，以抖音为代表的众多短视频平台，并不满足于单一的短视频录播功能，所以开启了直播功能作为第二大版块，为已经拥有较高人气的IP提供盈利的平台，粉丝可以在直播中通过送礼物的方式与播主互动。在抖音直播间中，具体的打赏步骤如下：

01 进入抖音直播间，点击右下方的"礼物"图标，如图2-10所示。

02 进入"礼物"页面，选择具体的礼物，点击"发送"按钮即可，如图2-11所示。

图2-10　　　　　　　　　　　　图2-11

在余额充足的情况下，用户可立即完成送礼物的操作。而播主通过收到的礼物获取相应的利润，实现盈利。

抖音开启直播入口，可以看作是对短视频变现模式的补充，这个原因在于，抖音深度用户对具有重要影响力的短视频达人形成了高度的信任感和依赖感，因此会更愿意为其送出礼物，播主以及抖音平台通过这个模式获利也就顺理成章。

2.5

❀

建成自己的品牌（李子柒）

"李家有女，人称子柒"，李子柒被称为抖音第一美女，其粉丝群体中有"娶妻当娶李子柒"的言论。李子柒的抖音平台粉丝数量超过4000万，也是著名视频网站上知名的"东方美食家"，其发布的抖音短视频如图2-12所示。

图2-12

李子柒原名李佳佳，1990年出生于四川绵阳。她的父母早逝，童年的大部分时间都是与年迈的爷爷奶奶一起度过。从6岁开始，李子柒就已经学会生火做饭和做农活。但是在李子柒小学五年级时，爷爷也去世了，奶奶一人难以抚养她继续上学，于是14岁的李子柒只身前往大城市打拼，开始了她长达8年的漂泊生活，她睡过公园长椅，啃过两个月馒头，做过月薪300元的服务员。

李子柒通过开淘宝店接触到了短视频，并打起了通过短视频提高淘宝店曝光率的主意。当时短视频崛起不久，靠颜值火起来的网红比比皆是，容貌不差的李子柒却在拍一些无厘头的视频，比如拍黄瓜、徒手拍西瓜等。

直到2015年，她看到弟弟在美拍弹吉他的剪辑视频，才正式开始学习拍视频，拍自己干活的场景，淘米、洗菜、做饭、喂鸡、喂鸭、陪奶奶唠嗑等。这个时候她想的依旧是给淘宝店引流。

真正让李子柒爆红的是制作兰州牛肉拉面的视频。为了拍摄这段视频，她专门找到一位甘肃的师傅进行学习。起初师傅不愿意教她，李子柒软磨硬泡了许久才打动师傅。这还不是最难的，师傅将步骤教给李子柒后，李子柒回家自己练习，每天练到胳膊发酸，第二天抬都抬不起来。直到一个月后，才能够熟练地拉出二细面，到这里她才开始拍摄关于兰州牛肉拉面的视频，如图2-13所示。

图2-13

这段视频反复拍摄了200多次，耗时整整3天，浪费20多斤面粉，废掉的面团她做成各种汤泡大馍，和奶奶一起吃了半个多月。后来，为了拍摄雪景，李子柒曾一个人背着相机、三脚架、斗篷，爬上海拔2000多米的雪山，手冻得没知觉了就放衣服里捂着，缓过来了接着拍。

启信宝数据显示，在2017年7月20日成立的四川子柒文化传播有限公司，是由杭州微念科技有限公司作为股东，持股51%，刘同明任监事，李佳佳持股49%。李子柒走到这里，才算"熬出了头"。

李子柒的独特之处在于迅速窜红后，她并没有急于走上变现的道路，而是依然立足于个人品牌的塑造。李子柒能够成功地打造个人品牌，不仅仅是抓住了短视频的风口，更重要的是以下3大关键点。

1. 打造吸睛的个人关键词

"东方古风""美食""生活"等，都是李子柒的个人关键词，这些关键词共同塑造出视频中那个长发飘飘，穿着古风服饰，背着竹筐，"洗手做羹汤"的美人。李子柒对于个人品牌的成功打造，与这些精准的关键词定位分不开，与李子柒将这些关键词贯彻到底更是息息相关。在每一条美食制作的视频中，烹饪菜肴所用的火都是柴火升起来的，完全不借用任

何现代科技的帮助。同时，在李子柒的视频中，观众看到的也不仅仅是一个教你"古法美食制作"的播主，而是一个年纪尚浅的女孩，靠自己的双手一点点创造自己的生活。

2. 迎合当下观众与文化的痛点

作为一个14岁就离家奋斗的女孩，李子柒懂得大多数人在城市打拼的艰辛与不易，身体的极度疲惫与精神上的极度空虚，催生了"城市人"返璞归真的愿望，而李子柒的视频恰恰可以让世人短暂地逃离现实，徜徉在田园诗画的慢生活中，看一眼她亲手打造的世外桃源。此外，虽然许多网红经济如日中天，但却没能有一位能进行传统文化的输出，李子柒的出现填补了这一空缺。2019年年末，她的YouTube账号已经拥有超过700万粉丝，账号主页中的104条视频，每一条的播放量都在500~2000万左右。因为她，原本"最不受外国朋友待见的中国美食"之一——皮蛋，一下子改变了自己的"国际形象"，迷住了千万外国友人。

3. 持续输出高质量视频，为用户提供价值

李子柒的所有视频素材都来源于她自己的生活，从小在大山中练就的一身生活本领，让她可以独立制作必须的吃食和一部分生活用品，甚至包括夏天用的竹沙发。如果先将李子柒抛出脑海，听到这些描述，大部分人联想到的应该是一个乡村野丫头的形象。而实际上，呈现在镜头下的李子柒却是一位带着仙气的恬淡美人，可见，李子柒不仅对拍摄内容、拍摄手法非常熟悉，对于视频中的各个细节也进行了无数次的打磨，只有这样才能拍摄出每一个可以在用户手机上反复播放的高质量视频。

2.6

赚取平台流量分成与资金补贴

在短视频行业发展早期，大部分短视频APP都会推出流量分成计划，并给予相应的平台资金补贴，以吸引短视频创作者。在抖音平台中，短视频播主也拥有这一变现渠道——流量分成与资金补贴。

抖音常常与品牌主共同发起相关话题挑战，吸引用户参与，以便推广品牌。这些话题挑战，实际上是需要通过品牌、平台、创作者以及用户等一系列的合作与互动才能实现，具体表现为：平台和品牌发起话题挑战，利用高质量短视频创作团队与活动运营炒热话题，从而吸引广大普通用户参与挑战。如果用户生产出优质内容，且引起了较为广泛的传播，那么平台就会给出奖赏和补贴。

但是，对于短视频播主而言，想要拿到这份补贴比较困难，它多数出现在平台早期，一

般会补贴给合作机构或者合作的创作团队。所以，如果短视频创作者想通过这种方式盈利，加入MCN机构或与官方直接签约是比较好的一种方式。

你问我答

什么是"MCN机构"？

MCN的全称是"Multi-Channel Network"，它是一种多频道网络的产品形态，将PGC内容联合起来，在资本的有力支持下，保障内容的持续输出，从而最终实现商业的稳定盈利。而PGC是指专业生产内容，由传统广电业者按照几乎与电视节目无异的方式进行制作，但在内容的传播层面，却按照互联网的传播特性进行调整。

2.7

炒热IP吸引外部投资

短视频在近几年发展迅速，市场火热，引起了不少投资者的关注。例如，在短视频领域中爆红的papi酱，她是内容创作领域中"一个集美貌与才华于一身的女子"，也是中戏导演系毕业的研究生。2016年，papi酱一举获得来自真格基金、罗辑思维、光源资本、星图资本的1200万元融资，成为网红届无数人心向往的典范。papi酱的抖音与微博粉丝数，如图2-14所示。

图2-14

以自媒体人的身份获得融资，papi酱成为了这一领域第一个吃螃蟹的人，也让其他走在自媒体道路上的创作团队有了希望。但是，融资变现模式对短视频播主的要求是高之又高，因此可以适用的对象也比较少。papi酱作为当时的现象级网红，获得巨额投资也只是个例，如果短视频播主想要复制papi酱的成功模式，那么要走的路还有很长。但无论如何，融资可以称得上是一种收益大、速度快的盈利方式。

除了对个人的融资之外，如今的短视频行业还出现了对已经形成一定规模的自媒体平台的投资，比如"泽休文化"就成功获得由美图领投，聚桌资本跟投的千万元级A轮融资。

"泽休文化"旗下最出名的账号是"厨娘物语c小鹿"，它是一档极具特色的美食节目，别出心裁地打造了"少女心美食"这一具有亮点的定位。"厨娘物语c小鹿"的抖音页面，如图2-15所示。

图2-15

第3章

9种抖音内容策划类型

抖音时代，内容为王。在短视频发展早期，为了博人眼球，不同类型的视频层出不穷。时至今日，短视频发展已日趋成熟，只有高质量、正能量的短视频才能得到观众的喜爱，所以短视频团队要掌握目前抖音短视频平台中的9大主流内容类型，做到持续输出优质内容，才能在短视频领域得到长足的发展。

3.1

轻松类：搞笑、吐槽、神转折

　　轻松向内容的短视频，是抖音最受欢迎的视频内容之一，轻松向短视频主要包含搞笑、吐槽、神转折三大内容策划方向。这类短视频的受众群体非常广，几乎是全年龄、全性别的用户群体，大部分的用户都乐于观看、分享这种内容的短视频。

　　轻松类型的短视频在抖音上数量众多，例如，抖音号"毛光光"就是典型代表之一，播主会反串化妆成柜姐"吴桂芳"、经理"周雅琴"、新人"郑梦婷"、贵妇顾客等角色，进行剧情式的内容演绎，最终的短视频效果常常让人捧腹大笑，如图3-1所示。

图3-1

3.2

视觉系：高颜值的人、物、景

　　视觉系方面内容的视频主要包含高颜值的人、物、景。"高颜值"是古往今来人们共同的视觉追求，不仅仅是美人、美景、美食、美物都会吸引大家的注意。

高颜值的人物视频在抖音上非常多，尤其是大量的明星、网红入驻抖音之后，打开抖音，映入眼帘的全是帅哥美女，十分养眼。抖音上分享高颜值物品的账号也很多，到后期大多数都发展成为带货账号。

分享优美风景的账号，是最典型的视觉系内容账号，例如，抖音号"航拍中国"，该账号立志于"用航拍，记录祖国壮美山河"，视频内容都是各地不同特色的自然景观，让观众足不出户也能遍览祖国的大好河山，如图3-2所示。

图3-2

3.3

八卦心：揭秘、访谈、星闻

大多数人都有一颗"八卦心"，对于自己感兴趣的公众人物的各种经历、个人感悟以及私人生活都十分好奇，而这些"八卦心"成就了抖音中一个又一个的揭秘、访谈和"星闻类"的短视频账号。

今日头条也有自己旗下的访谈、星闻类抖音号——"娱乐讲真"，该账号目前已经拥有超过140万粉丝，点赞量超过4000万，主打"最完整的明星专访，最高清的明星视频"，如图3-3所示。

图3-3

3.4

产品类：种草、开箱

产品类内容的短视频与淘宝等电商平台结合最为紧密，也属于能直接带货的内容类型。视频中简单、直接的种草或开箱内容，能快速地刺激用户，引导用户点击视频内置的小黄车链接，并购买商品。这类账号的数量在抖音中越来越多，表明了越来越多的商家与短视频团队都看到了"抖音——电商"这一模式的无限商机，并在这一模式的道路上不断摸索，希望能做到持续盈利。

例如，抖音号"种草大户萌叔Joey"就是一个典型的种草类账号，该账号的选品都比较特别，专门针对追求新鲜、奇特产品的年轻用户。每段视频中，播主都会亲身试用产品，并运用其独特的幽默感来讲解产品，如图3-4所示。

图3-4

3.5

健康态：健身、减肥

健康态内容的视频往往"干货满满"，这类短视频可以让用户在休闲娱乐的同时，还能学到有价值或实用的知识或技巧。例如，法律常识、健身技巧等，这些内容都属于健康态内容的短视频。

这类短视频中十分火爆的一大领域就是健身。在抖音中，观众随时都能刷到许多教你健身减脂、改善体态等类型的健身账号。例如，抖音号"郭大力健身"就是其中具有代表性的账号之一。播主郭大力毕业于中国人民解放军军事体育进修学院（原解放军体育学院），是驱动力健身的创始人，该账号粉丝数量超过400万，其视频内容主要是分享健身和减肥的知识与技巧，如图3-5所示。

图3-5

3.6

有价值：情感咨询、生活常识、实用技能

"有价值"类的短视频内容与"健康态"类的短视频内容有异曲同工之妙，它们都能让用户在观看短视频的同时获取新知识，提升自己或者是解决身边的某个问题。"有价值"类的短视频内容包含情感咨询、生活常识以及实用技能等，相比"健康态"类的视频，该类型的视频内容所提供的知识更加的生活化、更加实用。

例如，抖音号"生活小妙招"，就是这类账号的典型代表，其视频内容主要介绍一些生活中的实用技能，许多用户在看完视频之后都会发出这样的感叹："原来还可以这样做""原来这个东西是这么用的"。当某段视频达到了用户的期待值，同时用户也会将视频分享给自己的亲朋好友，这段视频的转发量与播放量也会因此增加。"生活小妙招"的短视频内容如图3-6所示。

图3-6

3.7

感情牌：正能量、爱暖萌、怀旧、小情调

　　"感情牌"是吸引关注的利器，尤其是平台所推崇的"正能量"类的视频，这类视频能激励人们上进，让处于低谷中的用户，重拾奋斗的信心。此外，主打"暖萌"的宠物内容、有格调的怀旧内容，以及具有小情调的内容，都属于"感情牌"类型的视频内容。

　　许多短视频创作者抓住了用户渴求"正能量"的心理，在短视频平台上发布了很多这样的内容。例如，抖音号"路边小郎君"，该账号的视频内容是将普通人的身边事进行美化和升华，讲述正能量的情感故事，总结道理和经验，带给人们"心灵鸡汤"式的感观。如今，这个账号已经有1300余万粉丝和2亿的点赞，如图3-7所示。

图3-7

3.8

❧

生活类：服饰、化妆、好车、美食、旅游

如果短视频团队想要抓住普通用户的心，那么可以往贴近用户生活的方向进行短视频策划，这种策划方向称为"生活向"，这类视频内容可以涉及服饰搭配、美妆分享、好车介绍、美食推荐和旅游等。抖音中的大多数用户都是乐于接受新鲜事物、追求时尚的年轻人，对生活向的短视频接受程度比较高，在账号的后续发展中，这类账号转型为带货账号也是可行的。

例如，上海的美食播主"吃垮大魔都"，就是一个典型的生活向内容账号，该账号的视频内容是为屏幕前的粉丝介绍上海大街小巷的美食。目前该账号拥有超过110万粉丝，总点赞量接近1000万，如图3-8所示。

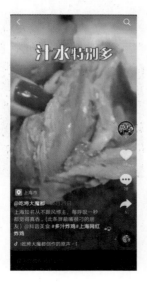 

图3-8

3.9

❧

爱神侃：影评剧评乐评、游戏解说、体育解说

抖音上以"神侃"为内容特色的账号也比较多，播主们侃侃而谈，粉丝们听得津津有味。在繁忙的日常生活中，用户可能没有完整的时间去看完一整部电视剧、一整场电影，也

没有充沛的精力去观看一整季的游戏比赛和体育比赛。这种情况下，"爱神侃"内容的短视频应运而生，这些影评剪辑、游戏解说等内容，为繁忙的用户提供了快速了解一场电影或一部电视剧的可能。

部分剪辑类短视频播主会将许多热门电影或电视剧的精彩片段进行混剪，而"神侃"类短视频播主则会随着画面进行配音解说。例如，抖音号"虫哥说电影"，播主根据自己的理解和感悟剪辑电影或电视剧的片段，配上对整部电影的解说，获得很多粉丝的好评，如图3-9所示。

图3-9

3.10

火爆视频都会这样做

抖音官方统计过大部分在抖音中火爆的内容，它们的共同特点是接地气、亲民、接近用户的生活，并且能让用户产生共鸣。将这些特点落实到短视频中，具体特征就是：高颜值、呆萌、炫酷、心灵鸡汤、正能量、有明确转折点、有技术含量。

此外，短视频团队如果想要获得比较好的基础数据，即转发量、评论量、点赞量，那么在内容策划中，可以参考"三想三要"的原则：

- "想要转发高，就要做既简单又实用的内容"。用户比较青睐简单且实用的内容，就像以往微信公众号的文章一样，只有传播有价值的实用内容，粉丝们才愿意分享给自己的好友。

- "想要评论高，就要有吐槽点"。如果想要调动粉丝积极评论的意愿，最好的方式就是让视频或者文案中含有可以让粉丝倾诉的内容，比如带有小争议的话题、情感类的吐槽，或者视频本身含有的细节瑕疵（例如穿帮镜头）等。

- "想要点赞高，就要有吐槽点"。当视频内容戳中了粉丝的兴趣点或者是共鸣点，粉丝们就会对视频进行点赞。所以，如果想激起用户的点赞欲望，视频内容就一定要是目标群体想看的。

3.11

抖音什么品类最赚钱

抖音中什么品类最赚钱？这与视频账户的类型和所处的发展阶段有关系。如果要说抖音中什么品类已经获得较多红利，并且仍然具有一定的潜力，那一定是属于"红海"的颜值类、搞笑段子类、萌宠类，以及属于"蓝海"的母婴类、旅游类、实用知识类，如图3-10所示。

图3-10

1. 红海中的典范——颜值类

颜值类这一品类涵盖了化妆品、服装和日化品等。在抖音中，大V最多的领域之一就是备受女性用户青睐的美妆类，且不说"李佳琦Austin"这样的顶流账号，像"仙姆SamChak""柚子cici酱"等，都是拥有千万粉丝级别的美妆账号。

这一类目在抖音上的火爆，很大程度是因为它能直接与商业盈利挂钩。很多这类账号都会直接在视频内容上做推广，或者在后端直接变现。例如，播主在视频中使用了某款产品，突出其使用的良好感受，以及成分安全等特点，就会有许多粉丝在评论中询问。播主可以顺势将产品放入购物车，卖货过程可以用水到渠成来形容。因此，美妆账号吸引了非常多的商家入局，这也是很多MCN机构必抢的类目。但是，由于想要从中获利的团队数量太多，导致竞争异常激烈。

2. 红海中的甜点——萌宠类

萌宠类短视频也是短视频平台中经久不衰的一个类型，可爱的猫咪、小狗与可爱的婴儿一样，总能让久经世事的成年人发出"把我的心都萌化了"这样的感叹，是十足的治愈系内容。这类短视频内容因为有了萌宠或者萌娃的助力，无论是走卖货还是直播的路线，都能获得众多观众的支持。

3. 红海常青树——搞笑段子类

搞笑段子类短视频，无论在哪个短视频平台，都十分吃香。这一类目下涵盖了段子剧、职场剧、搞笑爱情剧甚至土味情话等。例如，"多余与毛毛姐"就是一个十分成功的搞笑类账号，它凭借播主独具特色的贵州普通话，令人捧腹的反串演艺，将生活中许多有趣的细节用短视频的形式表现出来，收获了超过3400万粉丝。以广东话为特色的抖音号"云吞它爹"，也是以广东话为主要语言，配合播主独特的演绎方式，向观众普及"你所不知道的广东人日常"，总获赞数超过2900万。由于这类账号输出的短视频，笑点密集，内容接地气，播主能与观众在无形间建立十分深厚的信任关系，所以这类内容的短视频变现是比较容易的。

但是，随着抖音平台中的优质内容越来越多，观众的要求也越来越高，笑点也会越来越高，搞笑段子类的内容创造者面临的挑战将会更大。

4. 蓝海大部头——母婴类

母婴类短视频包含了育儿知识、亲子教育等相关方面内容的短视频，这类短视频在抖音中较为稀缺，但是粉丝用户十分精准，主要是年轻辣妈、待孕者等，这类人群对于母婴类内容存在硬性需求，所以对于这类账号分享的知识或者推荐的商品，用户群体都是十分受用的，日后在变现上也更加容易。

5. 蓝海小清新——旅游类

抖音最大的用户群体，可以说是日复一日困在水泥森林中的上班族们，这些上班族的时间被工作与基本生存需求填满，每天两点一线，根本无暇欣赏格子间外的风景。而旅游类视频恰恰满足了这类人群"世界那么大，我想去看看"的需求。旅游类账号目前在抖音中发展得比较好的并不少，"毒角SHOW"为观众们带来大洋彼岸的各类有趣事件；"地球村讲解员"则是以不同的类目向观众展示世界范围内的民生万象，这两个账号都是抖音平台旅游类领域内，粉丝超过千万的账号。从这两个账号的走红可以看出，此类账号只要持续输出关于旅游方面的优质内容，吸粉的潜力非常巨大。

6. 蓝海教科书——知识技能类

知识技能类视频包括知识科普与实用技能等，在当前这个信息爆炸的时代，人们对于冷知识、实用技巧的求知欲望十分强烈，而在抖音平台中进行实用知识的输出，相当于将学习专业知识的需求与大众平台相结合，拉低了专业知识学习的门槛以及难度，这类账号应当是未来知识学习的主流渠道之一，属于抖音中比较典型的蓝海领域。

你问我答

什么是"红海"、"蓝海"？

"红海"指红海市场，意为已知的、进入玩家较多、竞争白热化的市场或品类；"蓝海"则与红海含义相对，是指待开发的、未知的市场空间，这类市场进入的玩家较少，竞争对手也较少，存在较大的挖掘潜力。

3.12

在抖音的红海与蓝海中如何获利

短视频团队运营的最终目的都是变现，无论是进入蓝海还是红海领域，账号能否持续获得利润才是关键。但是在不同类型的市场中，推广账号以及获取利润的方式是不同的，在红海市场中，账号最大的研究目标是同领域中的头部账号；而在蓝海中，账号要思考的则是如何开辟属于自己的、全新的道路。

1. 在红海类中获利

抖音中的红海类包括颜值类、萌宠类、搞笑段子类等，这类短视频领域中已经存在许多竞争对手，不论是早期进入的大V账号，还是后来居上的黑马。在这类领域中，账号最不缺乏的就是同行，所以应当从优秀同行与自身着手，争取让自身账号变得更加优质。具体做法如下：

- 第一步，分析账号。新媒体团队需要找到同类领域前100名的账号，对其进行全面分析，特别是在视频内容方面。之后将其与自身的账号内容相对比，取其精华，去其糟粕，尽全力打造自身账号的差异点与创新点。
- 第二步，时刻关注热点话题。新媒体团队应当借助各大平台的榜单或者第三方工具，时刻关注抖音平台内容热点的走向，找到热点话题。之后在内容上体现出这些热点话题，或者在视频发布时，在标题文案中插入热点话题，等等。

- 第三步，做自己最擅长的内容。在定位内容或者进行内容调整的时候，一定要选择团队最擅长、最熟悉、最能进行持续输出的内容。这样才能在红海领域中充分发挥出自身团队的优势，牢牢锁定用户群体。
- 第四步，关注官方账号。短视频团队不论是在账号发展前期还是后期，都需要关注抖音热搜、音乐榜、抖音官方账号，经常参与官方发起的活动，将自己的热度融入大的话题，从而吸收更多的粉丝。

2. 在蓝海中获利

抖音蓝海是一片尚未开发的流量高地，新媒体团队需要考虑以何种方式进驻这一领域，并以何种姿态展开自己的发展道路。想要在蓝海领域中扎根并获利，需要注意以下问题：

- 在进行账号定位时，新媒体团队一定要选择更垂直、更细分、更专业的领域来运营。
- 充分了解自己所做的内容，结合用户的接受度及其喜欢的内容类型，在内容策划上向"正能量"靠拢，在内容制作上将内容做到极致。
- 通过矩阵裂变抢占视频类目靠前的位置。新媒体团队在蓝海领域中运营时，可以通过打造传播矩阵，利用多样的推广账号，对账号进行引流，以吸引更多的粉丝。

3.13

蓝海类视频——知识技能类账号的成功玩法

如果现在有一名想要进入短视频行业的女生，她的颜值比较高，演技、表现力也十分不错，那么她可以通过打造搞笑类或剧情类的短视频账号，对自身进行推广，但是大家并不能断言这名女生一定能在抖音上火起来。

但是，如果这个情况换成是一名拥有快速背单词诀窍的男生就不同了，男生火起来的机率比女生要大很多。得出这样的结论，并不是因为女生的"技能"不如男生，而是因为女生进入的红海领域，需要与众多竞争者打拼，但男生进入的蓝海领域，则是抖音尚未开发的知识技能类视频，其成功机率自然要高于女生。

人设场景类的短视频内容，更加注重内容的创意、播主的演技。演技虽与天赋挂钩，但密集的创意产出给播主背后的团队提出了较高的要求，能凭借自身条件火起来的账号并不多，与知识技能类账号相比，操作难度会更大。此外，不断成熟的抖音红利期也面临着阶段性的变化，如图3-11所示。

图3-11

目前抖音红利处于从用户红利过渡到内容红利的阶段，用户的需求变得更加全面，部分用户希望从抖音中学到一些在职场上或者生活中能用上的知识技能。所以知识技能类短视频是本阶段想要进入抖音的新媒体团队的一个很好的切入点。

那知识技能类短视频应该如何运营呢？它需要播主或者新媒体团队具有怎样的专业素质呢？具体如下。

1. 知识垂直化、精细化

新媒体团队在筛选短视频的知识内容时，要保证内容的纯度，保持在单一类目下对知识内容进行精细化的打磨，而不是什么都发布。知识的垂直化与精细化是获取用户忠诚度的重要因素，账号的内容越杂乱，用户的黏性越低。

2. 内容制作专业化

新媒体团队在前期拍摄时，要在构图上下功夫，注意画面美观的同时，还要突出拍摄主体。同时把握好剪辑的节奏，由于知识技能类短视频内容与某项知识或技能分不开，新媒体团队要通过把握剪辑的节奏，让短视频变得更加有趣，更加吸引观众，而不是巨细无遗，十分冗长。为了避免这些问题，新媒体团队在视频拍摄前，可以运用分镜脚本来对单个短视频进行构思。

3. 利用知识的稀缺性建立壁垒

在考虑所有传播的知识和技能时，新媒体团队要将自身账号的知识内容往稀缺方向打造，甚至要做到他人无法对内容进行模仿，或者模仿起来难度很大，这就是建立壁垒。

例如，抖音号"妍菲 妍苗"，该账号的主要视频内容是记录"一对双胞胎扔东西很准的日常"，这对双胞胎颜值很高，在她们发布的几十条短视频中，每一条都是记录她们从各种匪夷所思的角度进行投篮，或者扔球等活动，扔球的结果无疑都是百发百中。这种类型的短视频就十分难以模仿，符合建立壁垒的要求。

新媒体团队想要将知识技能内容打造出壁垒，需要具有强大的创新意识。这一过程也许十分艰难，但是在建立好壁垒后，因为账号无法被复制，所以专一领域的流量会全部集中到这一账号中，届时，就算想要打造千万级的账号也是易如反掌。

4. 知识体系化

知识体系化可以理解为，将某一特定领域的知识穿成一张网，知识点之间环环相扣，而

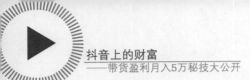
不是零散、无关联的。新媒体团队对于知识内容也要进行同样的处理，播主输出的知识点，一定要从易到难，从基础到高级，从理论知识到应用知识。这样，用户感觉到短视频中教授的知识十分实用易学，从而建立起对账号的信任度。

5. 高频率更新与技巧性运营

知识技能类短视频要做到高频次更新，才能保证观众学习的热情，要避免因为长时间断更而使账号冷却。同时，新媒体团队要做到有技巧的运营，不断引导与刺激观众，让观众在评论区活跃起来，对视频进行点赞、转发等，这样才能收获更多的粉丝，并保持账号的热度。

6. 叠加人设

为播主叠加人设并不是知识技能类账号所必须的运营步骤，但是添加这一步后，一定会增加账号的热度。从根本上来说，观众参与进来更多的是娱乐至上，知识技能类的内容输出，如果无法做到趣味十足，就容易造成观众的流失。如果播主本身有了鲜明的人设，比如"毒舌""幽默""呆萌"等，那么许多观众会因为播主的这些人设，而将视频看完，甚至点赞、评论以及关注账号，如此一来，用户的黏性会大大提高，账号的热度也会居高不下。

第4章
制作优质的抖音短视频

抖音作为一款以内容取胜的APP，观众可以在抖音中看到各种技术流、小剧场、可爱萌宠等优质内容。在抖音中，优质内容几乎就等同于爆款内容。那么，新媒体团队要如何制作优质的短视频，使之成为爆款，以推动账号热度上升呢？

制作爆款短视频，需要从选题开始，遵循一定的原则与方法，精心打磨单一短视频的标题、封面、文案、配乐等细节，并配合一些小技巧对短视频进行助推。新媒体团队需要系统地掌握这一流程，才能持续输出爆款短视频，在流量竞争中获得最终的胜利。

4.1

如何甄选爆款视频题材

短视频能成为爆款，很大程度来源于其题材，如果题材本身自带流量，那么短视频就拥有成为爆款的内容基础。如何甄选具有爆款体质的短视频题材呢？新媒体团队需要遵循以下3条选题原则。

1. 选题受众广泛

虽然说运营短视频账号需要做到细分领域，并在内容上垂直统一，但是这并不意味着受众范围会因此变得很小，垂直细分的短视频账号也能产出可以娱乐大众的内容，只是难度较高。例如，某一短视频账号的主要内容是分享微胖女孩的服装穿搭，针对的群体是体重在100~120斤的年轻女性，如果该账号想要打造一条爆款视频，其受众绝对不能仅限于此。这时，新媒体团队可以扩大受众，推出类似"这样穿衬衣显瘦20斤"的短视频，这样既没有超出账号本身的领域，又无形之中扩大了短视频的受众。

2. 选题角度能引起观众共鸣

短视频引起观众的共鸣越大，其传播效果就越好。具有一定经验的新媒体团队都知道，"触达用户"是爆款短视频的重要基础。换言之，想要获得好的视频数据，视频内容就必须引起观众的共鸣。那么如何在确定触达用户的基础上，将传播效果最大化呢？这要求新媒体团队做到"两个最"，即"最大众"与"最痛点"，也就是说，选题能解决的问题，应该是更多人的共同困扰，同时也是观众最迫在眉睫、急需解决的问题。

3. 选题时机足够巧妙

同样的短视频题材，在不同的时间点进行发布，造成的传播效果截然不同。例如，2020年6月，"全民摆摊"成为一股风潮，这时，如果新媒体团队在抖音中发布一条关于"这样摆摊让你一夜收入上千"的短视频，就可以吸引许多对摆摊赚钱心动的观众，甚至有极大可能成为爆款。但如果这段视频发布在其他时间，那么它的各项数据可能不及在这一节点发布的其他短视频。

4.2

打造爆款短视频的4大方法

每一个新媒体团队都想要打造爆款短视频，但并不是每一个团队都能做到。经过长期的观察研究，可以总结出来，在抖音上爆火的短视频，即使领域与内容不同，但都有如图4-1所示的4大特点。

图4-1

其实，打造爆款短视频关键还是要从用户下手，抓住用户对于热点的围观需求、内心的情感需求、想要收获视觉刺激的需求等心理。在视频制作过程中，新媒体团队除了避免触碰平台禁区外，打造爆款视频的具体方法如表4-1所示。

表4-1

/	方法要点	实现目标	举例说明
1	抓住一个热点	比普通内容更具有热度	如节日、明星、时事
2	切中一个需求	满足用户娱乐、情感、知识需求	搞笑、亲情、友情、爱情、学习PS
3	强烈的视觉冲击力	包括内容、标题、封面、文案吸引人	如"贤于葛格"
4	选最合适的背景音乐	能充分带动粉丝的情绪	《Homage》

从内容上来说，参加抖音官方挑战赛或者带有官方话题的短视频，这些比较容易成为爆款。此外，励志、公益、情感以及带有争议性的内容也比较容易火起来。新媒体团队可以从以上角度入手打造爆款短视频。

4.3

十大内容技巧教你玩转爆款短视频

上文提到了关于打造爆款短视频的4大方法，分别是从热点、需求、视觉效果、听觉效果入手推动视频流量上涨。但是，真正决定一条短视频是否能成为爆款的根本因素，是视频的内容是否优质。想要在内容上打造优质、爆款的短视频，可以遵循以下十大技巧。

1. 注重塑造冲突

冲突是戏剧的核心，而一条短视频完全可以看作是一段短小的戏剧，在短视频中塑造矛盾冲突，能让视频的"剧情"变得更加有张力。从用户的浏览体验上来说，抖音APP的短视频是以信息流的形式呈现的，用户在短时间内，通过简单的上划动作，就能浏览许多条短视频，那么单一短视频要如何才能让用户记忆深刻呢？塑造矛盾冲突就是可行的方法之一。

2. 高潮前置

如今，短视频用户已经能用极快的速度浏览一段短视频，但随之而来的是，用户在快速的滑动中越来越缺乏耐心。如果一段短视频在开头的2~3秒无法抓住用户的眼球，就可能遭遇直接被划走的命运。所以，新媒体团队在进行短视频内容编排时，力求在开头吸引到用户的注意力。例如，在剧情类短视频的开头采取设置悬念、营造氛围等方式，在非剧情类短视频的前几秒设置封面停留，封面标题直白地告知用户该条短视频的内容，同时把标题设置得十分醒目。例如，抖音号"高德地图在路上"的某条短视频，如图4-2所示。

图4-2

该条短视频的主要内容是"上海可以打无人车了"这一热点情况的相关介绍,在视频开始2秒的封面中,开门见山地概括了这一热点,让用户了解该条视频的主要内容,决定是否继续观看。因为这一热点内容的确十分新奇,大部分用户都会选择继续观看,所以该条短视频发布不久,已经获得了接近4万的点赞。

3. 剧情张弛有度

传统戏剧只有一个高潮点,而在今天,用户已经不满足于一个高潮点带来的刺激了。在短视频中,新媒体团队可以多设置几个剧情的高潮点,或者安排1~2次反转,持续对用户造成强烈的刺激,这样既可以让短视频脱颖而出,吸引用户的关注,也更容易获得点赞与评论。

4. 融入情感价值

短视频想要打动观众,就必须在内容中融入情感价值,使得短视频内容富有深意,引发观众思考。许多剧情类、情感类账号之所以能获得大部分用户的认可,就是因为它在视频内容中持续输出积极向上的正能量,同时,其内容也是取材于大部分普通人的生活,让用户具有强烈的共鸣,从而代为用户宣泄了各种各样的情绪。

5. 形成独特风格

随着短视频行业内的竞争越来越激烈,视频同质化现象也越发严重,在这样的大环境下,只有鲜明个性与差异化定位的视频才能给用户留下深刻的印象。例如,抖音号"鄙人李洋洋"的个人风格就十分鲜明。该账号作为情感类账号,其短视频内容表达形式十分统一,每一条短视频都是播主面对镜头进行讲述,内容是播主表达关于感情的态度,或者分享某项情感技巧。播主在镜头前说话干净利落,对待感情的态度也十分干脆,向广大女性观众传达了"遇到喜欢的人要大胆追求,遇到不合适的赶紧一刀两断,千万不要留恋"的情感观念,营造出了一位自立自信的新时代女性形象,如图4-3所示。

图4-3

形成独特的风格,对新媒体团队的要求还是比较高的,新媒体团队需要持续输出创意,才能在不断的试错中,摆脱短视频运营的"老套路"。一定要在选题与人设上另辟蹊径,才能做到独树一帜,旗帜鲜明。

6. 强化用户依赖

功力深厚的新媒体团队,可以在运营中不断加深观众的黏性。当观众黏性到达一定程度时,会对账号产生一定的依赖,这一依赖体现在观众会持续观看账号产出的视频,甚至会摸清账号的更新规律,在固定时间来"追更",并以"打卡"的心态在评论区进行留言。

想要让观众或者粉丝对自身内容形成依赖,新媒体团队不仅要做好本职工作,在领域中不断垂直深耕,持续产出优质内容,也要引导观众进行点赞、评论、转发。在绝大多数观众都对自身账号形成依赖心理后,团队产出的每一条短视频都可能成为爆款。

7. 善于结合热点

时至今日,各大平台都有自己的热点榜单,人们每天都会习惯性地浏览热点信息。抖音APP中也有自己的热点榜、明星榜,新媒体团队可以在短视频中适时的加入热点进行内容策划。例如,抖音号"哆啦盛宴"在5月20日发布的短视频,如图4-4所示。

图4-4

热点分为两种:一种是固定在某个时间点的热议内容,如"春节催婚""情人节直男礼物"等;另一种是突发性热点,如"某地强降雨导致数辆汽车被困桥上""某地发现珍稀动物"等。新媒体团队可以对固定在节日前后出现的、可预估的热点进行提前策划,紧跟突发热点,在短时间内高效完成创作。

8. 增加视频的互动性

能够引起观众积极互动的短视频，就能获得更多的推荐流量，将短视频更快地送上热门。那么，新媒体团队要怎样增强短视频的互动性呢？可以通过以下3种方式进行：

- 选择互动性强的话题。选题的可操作性在很大程度上决定了用户的参与度，低门槛的短视频内容更容易吸引用户进行互动，传播性也更强。
- 在标题或视频中进行引导。具体方式包括：标题多用反问句，在标题或视频中针对视频内容邀请观众分享自己的观点或经历。
- 在视频中设置"槽点"。"槽点"是指引人注目的新奇内容，或者让人忍不住想要批判的问题。在视频中设置槽点有利于引发观众的评论欲望。

9. 从观众角度出发

短视频的观众是受众，新媒体团队是短视频的制作者，所以团队要从观众的角度出发制作短视频。一方面新媒体团队要做好观众画像，尽可能准确地了解观众群体；另一方面也要花费时间用调查问卷或者其他形式，深入了解观众的痛点，制作出观众更喜闻乐见的短视频内容。

10. 坚持用心打造短视频

虽然短视频缔造了一个又一个变现的神话，但是新手想要从零开始做到盈利，有很长的一段路要走。大家看到的是经过无数次拼搏后，最终站在短视频神坛上的成功者，却看不到多少人为了能在短视频领域获得成功而前赴后继，却最终铩羽而归。

不走到最后一步，谁也不知道最终结果。小白（即新手）在刚开始进行账号运营时，可能会受到许多质疑和抨击，这是十分正常的。新晋播主们要放平心态，继续坚持，用心打磨自身账号的短视频，用努力取代灰心丧气，用优质内容应对质疑。

4.4

好标题能为短视频增色

由于短视频没有太多文字说明的内容，优秀的标题就成为短视频的点睛之笔，试想，如果一条本身内容十分丰富和吸引人的短视频，配上一条极具概括性、能升华视频主旨的标题，一定能为短视频增色不少。

在设计标题时，除了可以描述视频的主题以外，还可以引导用户进行互动。例如，抖音账号"潍坊电视融媒体"的某段短视频标题为"礼让行人，此事你怎么看？"，如图4-5所示。

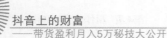

图4-5

　　图4-5所示的短视频的主要内容是，一对母女在过马路，一名骑共享电动车的男子停下来让母女先走，却因此挡住了男子身后的轿车。轿车不得不停下，同时向男子不断鸣笛，男子不为所动，坚持等母女过完马路。母女走后，男子因不满轿车车主的行为，直接将共享电动车锁在了原地，径自离开了。

　　这一短视频的标题是典型的引导用户评论的标题，因为男子的做法存在一定争议，所以的确在短视频的评论区引起了观众的积极讨论，最高赞的回答获得了将近14万用户的点赞。新媒体团队如果也想让标题对视频数据起到如此大的推动作用，可以遵循以下4条规则，来拟定短视频标题。

- 文字表达要精简，能高度概括短视频的内容，同时让观众能在2秒内读完，100%接收标题所要表达的信息。

- 从观众的角度出发拟定标题。新媒体团队在拟定标题时，需要充分考虑视频内容能与观众产生什么联系，要做到在标题中将观众的利益与短视频结合起来，标题的效果将大大提升。

- 注重引导，"故弄玄虚"。此类标题噱头比较足，主要目的是通过美化标题，引导观众浏览视频，如某条短视频的标题为"杭州一快递小哥故意撞女子原来是因为……"，这一标题能引起观众的好奇心，使之不划走这段视频而是继续往下看。看完视频才知道，原来快递小哥故意撞到前面女子，是因为有一名小偷正在翻女子的包，试图盗走女子的手机，快递小哥此举纯粹是处于善意，想要提醒该名女子。

- 留有悬念或争议。留有悬念和争议的话题往往会带来比较高的评论数和点赞量，同时，观众会反复观看，提高完播率。

4.5

一个"吸睛"的封面能提高短视频点击率

抖音的短视频一般只有15秒，可以支持1分钟的长视频，但是通常情况下，15秒的短视频更容易达到较高的完播率。因此，要在15秒的时间夺人眼球，拿下粉丝，首先就需要一个显眼的封面，它能提高短视频的点击率。那么如何制作一个"吸睛"的封面呢？新媒体团队需要把握以下4条原则。

1. 封面需要展现内容特点

在发布抖音视频时，如果没能提前准备一张专门的封面，那么可以根据视频中的画面来选择，换句话说，抖音短视频的封面一定是来自于视频的内容。因此，想要用封面引流，就需要截取一个有创意的画面作为封面。

为什么有些抖音账号非常火？因为它的创意很多，粉丝喜欢看新鲜的创意。在封面的选取上，需要结合账号自身的产品或者输出内容去找特点。例如，抖音号"懂车帝"发布的某条短视频，就是根据其视频内容，选择了一个极具代表性的瞬间作为封面，如图4-6所示。

2. 封面需要优质画面

在一段完整的视频中，如果存在非常美丽或者酷炫的"高光时刻"，那么这个"高光时刻"就是视频封面的最优选择。这样的封面可以成功地勾起观众的好奇心，从而使观众对视频抱有一定的期待，认真看完整段视频，提高完播率。抖音中的某条具有代表性的短视频，如图4-7所示。

图4-6

图4-7

运用抖音自带的"选封面"时间轴工具，就可以筛选出合适的画面作为视频的封面。若短视频中没有合适的画面，新媒体团队也可以事先制作一幅图片，插入到视频开头，专门作为封面。

3. 封面文字要精简，直击用户痛点

根据统计数据显示，近80%的抖音用户决定是否观看一条视频的思考时间，已经缩短到了1秒，这意味着新媒体团队必须在1秒内勾起用户的观看欲望，让用户停留一下，而不是直接划到下一个视频。在短短1秒的时间内，最有效的"自我推荐方式"，就是通过封面文字开门见山地让用户预知视频的内容，从而做出选择。根据这一思路，新媒体团队对于封面的设置需要直击目标用户的痛点，将封面中的标题文字尽量控制在两行以内，同时做到字体清晰、易于识别。例如，抖音号"丁香医生"与"一头咸鱼"的视频封面文字描述就十分典型，如图4-8所示。

图4-8

4. 封面统一，美化账号主页

当用户看到抖音推荐的某条视频并对其产生兴趣后，产生的第一个动作是点赞，接着是评论和转发，最后可能会点进主页看账户并进行关注。通过某权威数据统计发现，有67%的用户在浏览完一条视频后，会直接划过并浏览下一条视频；4%的用户会直接在视频页点击关注；剩余29%的用户会选择访问播主的账号主页。因此，账号主页也是提升账号关注转化率的关键。在账号主页中，占幅最大的就是视频列表，除了需要设置好账号的头像、昵称、背景、个性签名以外，视频列表是主页设置的重点，所以保持视频封面的统一性是十分有必要的。

4.6

短视频的核心竞争力：文案创意

如果有人问，奶茶中营销文案做得最好的是哪一家？大家一定知道答案就是在抖音上红透半边天的"答案奶茶"。

在抖音上有这样一条视频，播主在奶茶的杯套上写出自己的问题，这个问题只有一句话："我和他还可能么"，非常煽情，也非常有吸引力，当观众看到这个问题时会不自觉地联想："这个女生发生了什么""奶茶能给出一个满意的答案吗？"。在视频后半段，播主慢慢揭开杯盖上的贴纸，发现奶茶上有一句话，"相濡以沫，不如相忘于江湖"，随后背景音乐适时地响起。相信大部分这条视频的观众都会很有感触，因为这个答案真的是"恰到好处"。于是也就催生了这条短视频的标题文案，"相濡以沫，不如相忘于江湖。拂袖转身，做一个心中有江山的人，快意潇洒，魂系天涯。"如图4-9所示。

图4-9

标题文案对视频的主旨做了进一步的升华，像是提问的女生已经看开了之后的心境。该视频获得了超过38万次的点赞，评论中更是热闹不已，许多观众评论说"很难做到"，所以最好不要错过，进而又引发了一阵情感共鸣。

在这条短视频中，从标题到视频中出现的所有文字，都属于视频的文案。文案对抖音短视频来说非常重要，新媒体团队如果想要运营好短视频，一定要能熟练地创作有吸引力的短视频文案。

● 如何创作一篇文案

撰写创意文案主要分为3个步骤。首先，团队需要准备一个空白文档，将拍摄视频的各方面详细信息分条列出来，包括视频中展现的产品有哪些功能？价钱如何？什么人会用到它？性能怎么样？有什么优势和缺点？适用于哪些场景？如果是剧情类短视频，那么要思考这个故事表达的是什么？针对的人群是谁？寓意何在？然后，根据这些信息选取一个角度思考创意。最后，根据思考结果，将视频信息转化成观众看得懂、能直击观众内心的文字，至此完成一篇文案。简而言之，完成文案有3个步骤，如图4-10所示。

在文案初具雏形后，新媒体团队需要考虑如何用文案提升转化率，也就是将文案写得更动人，更吸引观众观看视频并留下点赞评论。想要做到这一点，可以从以下4点出发进行思考，如图4-11所示。

图4-10 　　　　　　　　　　　　　　图4-11

4.7

选择配乐的3种技巧

好内容配上好音乐，才能获得"一加一大于二"的效果。抖音是一个音乐短视频的平台，好的背景音乐在获得高人气方面起着十分重要的作用，好的配乐可以将视频内容表达的情绪渲染出来，不动声色地直击观众的心灵，从而增强了视频内容对用户的影响力。想要为短视频选择最佳配乐，可以从3个方面来考虑。

1. 掌握短视频的情感基调

在开始寻找配乐时，首先要弄清楚短视频立足于何种情感基调，只有先弄清楚视频情绪的整体基调，才能进一步针对短视频中的人、事以及画面来筛选背景音乐。在讲述悲情故事的短视频中，运用快节奏、情绪昂扬的流行音乐作为配乐，肯定不合适；将美妆视频配上沉郁顿挫的大提琴曲，自然也是不合适的。

如果旅游类的短视频，那么震撼人心的航拍可以配合气势磅礴的纯音乐；如果是江南小镇类的短视频，可以配上中国民族乐器演奏的歌曲，或者比较古风的歌曲；如果是美食类的短视频，类似"日食记"的小资风格，可以考虑节奏轻快的英文歌曲等。例如，这条抖音视频的配乐与情感基调就配合得比较好，视频内容如图4-12所示。

图4-12

在图4-12所示的短视频中，播主发现了一辆共享单车的车上锁着私人单车锁，而单车本身的车锁已经被人为破坏了。于是播主拿起扳手，将私人车锁敲坏之后扔进垃圾桶。视频中公车私用的现象屡见不鲜，是实打实的不文明行为，而播主的做法，则让观众不得不赞一句"大快人心"。这个短视频的配乐是一首比较快节奏的电子舞曲，迎合了观众的痛快心理，增强了视频内容的表达效果。如果该段短视频选择不配乐，或者盲目地搭配抖音提供的热门音乐，其表达效果就完全不一样了。

2. 注意视频的整体节奏

除了叙事类的短视频，大部分短视频的节奏和情绪都是由配乐带动的。为了使配乐与视频内容更加契合，在进行视频剪辑时最好按照拍摄的时间顺序先进行简单的粗剪，然后分析视频的节奏，之后根据整体的感觉去寻找合适的音乐。如果短视频的高潮在最后几秒，那么就要寻找高潮对应出现在最后一段的配乐，高潮部分也可以通过截取配乐来进行调整。

总的来说，视频画面节奏和音乐匹配度越高，视频会越"带感"，观众的情绪就越容易在适当的部分被调动起来，从而推动观众去点赞、评论和转发。

3. 不要让背景音乐喧宾夺主

合适的配乐可以让短视频的情感表达得更加突出，但是千万不能喧宾夺主。短视频与配乐最好的搭配效果就是相得益彰，想要达到这样的效果，需要注意两个方面：第一，配乐是

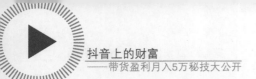

纯音乐还是有唱词的音乐，要注意区分。如果是有台词的剧情类短视频，那么建议最好不要用带唱词的配乐，否则会产生混乱的效果；第二，要注意配乐的音量，在情绪渲染的关键节点，配乐的声音可以放得大一些，但是在剧情和缓的部分，配乐声音尽量放小，以突出视频内容本身。

另外，除非特别合适的配乐，其他场合挑选配乐最好选择纯音乐或外国歌曲，否则容易将观众带入到歌词的意境中，从而忽略掉视频这个主体。

4.8

做好片尾互动，提高互动性与转化率

随着大量的MCN机构进入局抖音短视频平台，高质量的内容越来越多。因此，目前市场的重点不再是对于高质量内容的渴求，而是各大账号如何积攒人气，顶流账号如何保证粉丝的不断增长，等等。在这个方面，新媒体团队可以从视频片尾入手，对用户进行3个方面的引导。

1. 引导观众关注与互动

引导用户进行互动，是指新媒体团队通过短视频中的某部分细节，引导用户在评论区发表自己的想法。而这个引导的动作，不仅可以出现在标题、文案中，还可以出现在片尾。

片尾是短视频十分重要的部分，它是短视频的结束，新媒体团队在片尾的处理时，可以表达团队对观众的态度等，这就看新媒体团队如何高明地设置slogan（口号，标语或广告语）了。在片尾除了引导观众进行互动，还可以友善地提醒观众关注账号，例如抖音号"老田蹲村儿"的某条短视频，其片尾画面如图4-13所示。

图4-13

在图4-13所示的短视频中，播主讲述了关于在悬崖上建立民宿的始末，在短视频最后说道："如果你跟我一样期待这样一个'悬空小村'的呈现，关注我"，这样的结尾与前面部分的内容相关联，情绪上承接得比较自然，因为内容优质，观众不会反感，并在此处顺应播主的话进行关注。

2. 引导观众点赞收藏

对于大部分观众而言，如果视频内容的确优质，那么他们并不介意在播主的引导下进行点赞。此外，还有将近13%的浅度抖音用户或者年龄偏高的抖音用户，不知道自己点赞过的视频会被收藏到自己的主页中。许多播主引导用户点赞，其实也是在诱导用户收藏本视频。例如，有些视频的播主会直接明示，提醒用户点赞或收藏，否则以后就找不到了，如图4-14所示。

图4-14

3. 评论和转发也是引导的重点

这两者在冲击流量池的过程中所起到的作用要比单纯的点赞作用更大。我们经过近千次的测试，分析得出：两条曝光量接近的视频，评论或转发数量较高的视频，即便点赞率只有6%，但该视频所获得的曝光量却要高于点赞率超过15%的视频。这也从侧面验证了，在视频播放时，越往后的互动动作，所占的视频正向评估分量越重。

4.9

好团队才能产出好视频

虽然抖音上有不少大V在"成名"后依旧选择单打独斗，但对于新晋播主而言，如果顺利发展，组建一支优秀的团队必不可少。这是由于抖音平台的竞争已经十分激烈，单靠一个人运营抖音账号，是极其辛苦的事，想要长久的坚持下去是很困难的，因此要借助一群人的力量。此外，一个人的能力也是有限的，总有自己的短板，组建团队正是博采众长的好方式。所以，组建团队是抖音播主迈向巅峰的必经之路。

1. "5P要素"打造高效抖音团队

不管是抖音的团队，还是其他平台的团队，组建的目的都是更高效地完成工作，更快速地达到目标。而"5P要素"可以帮助抖音主播打造一个具备高效率特质的团队。5P要素的具体含义如下：

- Purpose（团队目标）。每个团队都必须有一个目标，抖音团队也不例外。团队目标必须与组织目标一致，大目标要分成小目标，再具体到每个成员身上，最终集众人之力实现共同目标。比如某企业运营一个抖音号，目标是把抖音号运营成为排名前列的抖音红人，并帮助企业实现1000万元的销售额。排名前列是大目标，就可以分解成第一个月实现10万粉丝增长，第二个月实现20万粉丝增长……具体到成员身上就是每个月演员要帮助达到多少粉丝量、剪辑师剪辑的视频要达到什么样的预期。

- People（人）。人是构成团队的最核心力量，目标也是通过人来实现的。所以抖音团队成员的选择非常重要。每个团队成员的职能不同，有人出主意，有人定计划，有人实施，有人协调不同的人一起工作，还要有人监督团队工作的进展、评价团队最终的贡献。因此，在选择成员时，就要考虑成员的知识、技能、经验、性格等是否互补。

- Place（定位）。对于企业而言，团队的定位有两层意思：一是抖音团队在企业中的位置是什么，由谁选择及决定团队的成员，团队最终对谁负责，采取什么方式激励成员；二是团队成员个体的定位，即每个成员在任务中扮演什么样的角色。

- Power（权限）。团队中领导者的权利大小与团队发展的阶段相关，团队到后期的成熟阶段，领导者权利变小，反之亦然。此外，团队权限关系包括两个方面：第一，整个团队在企业中拥有什么样的决定权？比如信息决定权、营销计划决定权；第二，团队的基本特征。比如说团队规模的大小，团队的数量是否足够多，企业对于团队的授权有多大。

- Plan（计划）。目标的最终实现还需要一系列具体的行动方案，因此需要做好团队的具体工作计划，只有按计划进行操作，团队才会一步一步接近目标，最终实现目标。比如，如果要在半年内成为排名前十的抖音主播，粉丝量达到1000万，就需要事前计划好工作方案。第一个月，团队成员需要完成抖音号的定位内容、策划方向，粉丝量达到100万；第二个月粉丝量要达到300万……。

2.3种典型的团队配置

播主在思考适合自身的最佳团队配置时，需要从搭建团队的重点出发，也就是：快速找到能够上手，或者有一定基础、培训后短期内能够上手的人员。在具体实施中，最佳团队配置是一个过程，在这个过程中，需要依据具体情况不断调整人员结构，才能达到人员配置组合的最佳状态。最常见的团队配置有豪华配置、经济配置，以及一个人的简易配置，具体选择哪种团队配置，播主要结合自己所处的阶段和具体情况而定。

第一种，豪华配置。对于账号发展较成熟的团队而言，可以采用比较全面、完备的团队配置。这种团队每周视频产出量多，工作量大，可以进行明确的分工，有效把控每一个环节的质量。豪华型短视频团队的成员构成，如图4-15所示。

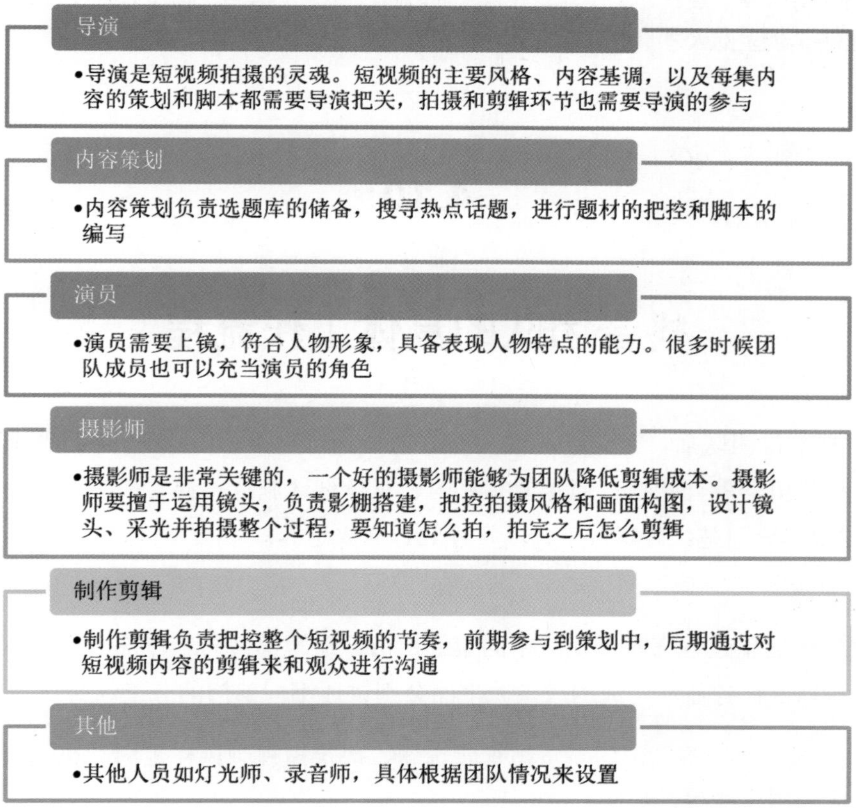

导演
- 导演是短视频拍摄的灵魂。短视频的主要风格、内容基调，以及每集内容的策划和脚本都需要导演把关，拍摄和剪辑环节也需要导演的参与

内容策划
- 内容策划负责选题库的储备，搜寻热点话题，进行题材的把控和脚本的编写

演员
- 演员需要上镜，符合人物形象，具备表现人物特点的能力。很多时候团队成员也可以充当演员的角色

摄影师
- 摄影师是非常关键的，一个好的摄影师能够为团队降低剪辑成本。摄影师要擅于运用镜头，负责影棚搭建，把控拍摄风格和画面构图，设计镜头、采光并拍摄整个过程，要知道怎么拍，拍完之后怎么剪辑

制作剪辑
- 制作剪辑负责把控整个短视频的节奏，前期参与到策划中，后期通过对短视频内容的剪辑来和观众进行沟通

其他
- 其他人员如灯光师、录音师，具体根据团队情况来设置

图4-15

第二种，经济配置。如果要将团队配置化繁为简，那么一定不能省掉的两个角色就是内容策划和视频制作，在此之外还可以适度增加1~2人。这种配置适用于每周视频拍摄量比较少、要求相对较低的团队。因为人手少，分工自然就不明确，一人多角，这样才能维持整个短视频的运作。经济配置的团队成员构成，如图4-16所示。

第三种，简易配置。简易配置就是一个人承担下所有的工作。这种类型就不用细说了。

内容策划
- 内容策划的核心职能是脚本策划和镜头辅助，最好能充当演员角色，这样就可以少一个演员

视频制作
- 视频制作需要全能型人才，负责和视频内容相关的所有工作，包括策划镜头、脚本拍摄、剪辑、包装等，必要的时候还需要充当演员

图4-16

知识加油站

从经济角度考虑，很多的职能团队都是可以复用的，可以形成整个视频内容创作组。例如，运营人员除了做好手头运营的工作外，还有一项必修技能——剪辑。此外，团队优秀的摄影师和编导一般都是全能型的人才，也可以负责后期的剪辑工作。

4.10

抖音团队的具体工作流程

在组建好拍摄团队后，下一步就是开展工作。那么拍摄团队一般的工作流程是怎样的呢？绝不是扛起机器就开始拍，而是要有目的、有计划地施行。通常情况下，拍摄团队的工作流程分为3步，分别是：确定分工、落实计划、新人培养。

1. 确定职责

从短视频的诞生过程来看，团队中的策划部门、运营部门与制作部门应当各司其职，认领各自的任务以及任务需要达成的成果。下面分别讲述不同部门的分工。

第一，策划部门。策划部门负责短视频选题、决定短视频风格走向，在团队中其主要职责与应当达成的工作成果，如图4-17所示。

图4-17

在图4-17中，A类账号是指粉丝较多、热度较高的账号，B类账号是指热度与粉丝数量都比A类账号逊色一筹的账号。

在完成各项工作的基础上，策划部门应当选出一位负责人，定期向总负责人汇报情况，汇报频率可以依照团队工作量的大小来定，如果不知如何确定时间，可以以周为单位定期开展工作总结会议。

第二，运营部门。运营部门是拍摄团队中离观众最"近"的部门。他们负责发布视频，依照用户的喜爱决定何时发布，以怎样的形式发布，与观众进行怎样的互动等。运营部门的具体工作职责，如图4-18所示。

图4-18

在短视频发布后，运营部门需要对观众的行为与喜好进行相关分析，之后再将结果反馈给策划部门与制作部门，以指导其下一步的工作。

第三，制作部门。制作部门负责视频的拍摄，其主要工作职责与应达成的成果，如图4-19所示。

职责

☐ 按照策划组要求内容，完成短视频脚本

☐ 拍摄、剪辑

☐ 根据运营组的反馈，改进视频制作

成果

☐ 完成每周短视频计划

☐ A类账号每周6个选题，B类账号每周2个选题

☐ 每周列出改进方案

图4-19

三个部门的负责人应当多进行沟通交流，定期提出本部门最近遇到的问题，以及其他部门可以进行怎样的配合等。特别是运营部门的负责人，应当深入了解其余两个部门的工作情况。

2. 落实计划

在制定短视频工作部门的各自分工后，将每一项内容进行精细化、标准化的分解，并落实到每一个时间节点，这些是必不可少的工作。团队或部门负责人可以用表格的形式，对部门或团队一段时间内的工作进行记录，以此核查是否落实到位。表4-2所示为某拍摄团队策划部门的周/日工作计划。

表4-2

2020年6月第二周 策划部门工作计划									
优先级 (A/B/C)	组别	成果	任务内容	周一	周二	周三	周四	周五	完成情况 （%）	情况说明
A	1		为账号A 选题6个							
A	1		提交制作大纲							
B	1		提交改进方案							
B	1		为选题库 增加选题， 10个左右							
C	1		其他							

3. 培养新人

在账号发展成熟后，拍摄团队可能会遇到需要扩充人员的情况，这时就需要老成员对新人进行培养，推动新人尽快上手。要让新人达成标准，快速复制工作内容，需要注意以下3点：

- 不断迭代SOP。为了将技术、经验固定下来，形成能够快速上手的执行标准，除了建立SOP外，还需要不断更新，形成最高效的版本。
- 新人带教SOP。对照工作SOP，讲解关键点和易错环节，再让新人用自己的话复述；给新人可以模仿的案例，关键的地方演示给新人看；请新人做一遍，观察过程中的问题；对新人的表现给出即时反馈，指出改进空间。
- 注重个人成长。员工是团队的最小作战单位，人才战略决定一个团队的成败。只有尊重员工，关注员工的个人成长和梦想，激发出最小作战单位的最大能动性，才能将团队的效能最大化。

你问我答

什么是"SOP"？

SOP是指标准作业程序，其含义是：将完成一件事的标准步骤统一下来，用来指导和规范重复出现的日常工作。

第 5 章
16类常见短视频的拍摄要点

随着抖音平台的日益火爆，入驻抖音的播主越来越多，短视频的种类也变得更加丰富多样。运营不同类型短视频的新媒体，需要扎实掌握该类型短视频的拍摄要点，才能制作出更高质量的短视频，吸引更多人气，不断增加自身抖音号的流量。

5.1

颜值类短视频

爱美之心人皆有之。谁不乐意在抖音上欣赏无数美好的颜值呢？对于颜值类短视频播主而言，在视频内容上，需要添加颜值之外的其他亮点，而在拍摄手法上，则应该多方面展示播主的颜值之美。以下是颜值类短视频的拍摄要点。

1. 打造适合播主的妆容造型

拍摄时需要注意播主的妆容、造型，尽量打造出具有播主个人风格的造型，展示播主的独特"颜值"魅力，才能吸引更多粉丝。例如，抖音号"禹哥Yulia"的短视频造型，就十分具有个人特色，将播主的美淋漓尽致地展现出来，如图5-1所示。

图5-1

2. 选择合适的灯光

不同的灯光有不同的色温，会体现不同的颜色效果，合适的灯光能让人增色很多。俗话说"一白遮百丑"，有时为了呈现更好的状态，颜值类播主在拍摄短视频时，会使用颜色偏白的灯光，把人照亮。例如，抖音号"冯提莫"，该账号的大部分视频光线都照得播主皮肤又白又通透，十分吸引用户的目光，如图5-2所示。

图5-2

5.2

萌宠/萌宝类短视频

"萌"是新时代可爱一词的新说法，可爱的事物容易打动用户的心，这也是萌宠和萌宝类题材在抖音上一直热度不减的主要原因。从另一个角度来说，萌宠、萌宝类账号非常容易火爆，因为其受众十分广泛，在每个阶段的流量推荐中，都能获得大量用户的点赞。这类短视频的拍摄要点如下。

1. 制造"对比度"

萌宠类视频在拍摄时需要注意：避免宠物的毛色和背景色一致，否则会影响短视频画面的视觉效果。例如，抖音号"金毛蛋黄"的某些视频就十分值得借鉴，在该账号的部分视频中，白色雪地作为背景，拍摄金黄色的金毛犬，或者在黄色的沙滩上拍摄白色的哈士奇犬，宠物的毛色和背景形成了反差，呈现出的画面效果十分不错，如图5-3所示。

图5-3

2. 多用萌系道具

萌宝类视频可以多选择一些萌萌的儿童玩具作为道具，让萌宝与玩具互动，更显萌态，也更容易打动观众的心。例如，抖音号"小果宝"，就经常拍摄小萌宝玩玩具的动态，十分可爱，如图5-4所示。

图5-4

5.3

短剧类短视频

短剧类的短视频就像是一段微型电影，或者是在平台上连载的微型电视剧，由于其区别于其他类型短视频的独特性，短剧类短视频对出镜人员、导演和摄影都有一定的要求，拍摄时需要注意以下两个拍摄要点。

1. 拍摄画面比例为9:16

拍摄时要注意使用9:16的画幅，进行竖屏拍摄，这样拍摄出来的画面比较饱满，也便于用户观看，如图5-5所示。如果采用横屏拍摄，用户观看时就需要将手机翻转90度，这样观看打破了用户惯常的浏览习惯，容易带给用户比较差的体验感，如图5-6所示。

图5-5

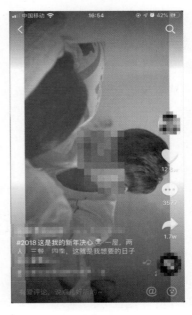

图5-6

2. 镜头转场

拍摄短剧类短视频时，需要注意镜头的自然过渡。连接上下两段内容时需要注意视觉上的连续性，转场时需要注意寻找合理的转换因素。好的转换镜头效果如图5-7所示。

图5-7

在图5-7所示的短视频中，女演员说出台词"今天是有点冷啊"之后，另一位演员端来了一杯热茶。于是镜头从女演员的近景镜头，切换到杯子的特写镜头。这个转换比较典型，它依照剧情发展进行的特写转场，既突出镜头语言的灵活性，也让剧情更加流畅。

5.4

街拍类短视频

街拍类视频的主要内容是街头采访或街头达人的捕捉，这类视频的不确定性与拍摄主体的时尚性恰好是视频的趣味所在。街拍类视频账号的受众以年轻人居多，所以在拍摄访问前，播主需要提前准备一些年轻人感兴趣的话题，以下是这类短视频的拍摄要点。

1. 选择恰当的地点

时尚达人类的短视频拍摄地点，可以选在城市的中心区域，或者其他潮流达人聚集的地方。这些地点一般比较具有代表性，人流量大，可选择的拍摄对象比较多，更容易获得优质的视频素材。采访类的短视频拍摄地点，则应当根据采访问题进行灵活调整，如果是采访年轻女孩"女生第一次去男朋友家该不该主动洗碗？"，则应该选在年轻女生比较多的地方，如大学城等，如图5-8所示。

图5-8

2. 提前锁定焦距

街拍类短视频的拍摄地点大多位于户外。在进行户外拍摄时，不可控的因素比较多，例如，在拍摄主体身后一般都会有人群来来往往，这很容易影响到相机的聚焦。所以，在短视频开始拍摄前，摄影师应当提前锁定焦距，这样可以避免因为焦点变化导致拍摄主体脸部模糊的情况。

5.5

探店类短视频

探店类视频一般是带粉丝探寻当地的网红店铺或者好评众多的美食、夜市摊子等，播主往往个人风格极强，十分吸引眼球，同时，因为视频基本都是同一个城市的内容，所以这类探店类账号可以看作是地域性的吃喝玩乐攻略。这类视频的拍摄要点如下。

1. 店外环境展示

在推荐优质的店铺时，摄影师要注意展示店铺的招牌、店外的环境等，同时最好给店铺附近的标志性建筑物一个镜头，让观众全方位感受店铺的风格，方便他们找到店铺的位置。展现店铺外的环境与招牌的短视频，如图5-9所示。

图5-9

2. 抓住拍摄时机

在推荐店铺时，最好选取高峰时段进行拍摄，一是为了告诉用户，这家店人气十分火爆；二是为了让用户在实际到店时，提前预留出排队时间，优化用户的体验。在人流高峰拍摄的探店短视频，如图5-10所示。

图5-10

5.6

日常生活类短视频

日常生活类短视频听起来比较陌生，但其实它还有一个耳熟能详的名字，就是"vlog"。自从某位明星将vlog带入国人的视野，各类"vlogger"逐渐出现在短视频的舞台上。他们用vlog的形式记录着各自不同的生活，为用户带去不一样的精彩故事。日常生活类短视频的拍摄要点如下。

1. 注意播主占画面的比例

使用vlog的拍摄形式多为播主手持相机进行自拍并讲述，这时，播主需要注意，不要让自身占据画面的太多部分，让短视频画面成为"大头照"，而是要合理分配背景与播主各自所占的画面比例，保持拍摄画面的整体性，让背景帮播主一起"讲故事"，为用户传递更多的信息。图5-11所示为某vlog的视频画面。

图5-11

2. 为视频增加亮点

日常生活的内容一般比较平淡单调，这时就可以采用一些"技术流"的拍摄和剪辑手法，或者在视频中增添其他亮点，使视频变得更具观赏性。比如抖音号"燃烧的陀螺仪"就是一名典型的"技术流vlogger"，该账号目前拥有900余万粉丝，获赞8000余万条，其短视频画面如图5-12所示。

图5-12

图5-12左图所示的短视频画面为播主手持镜头，从镜子面前一晃而过，以十分灵活的方式展现了播主的服装，达到了"惊鸿一瞥"的效果。右图所示的短视频片段中，播主将锅铲在空中脱手转了一圈再接住，之后这段视频中的所有食材及工具，几乎都以类似的方式进行拍摄，显得十分"炫酷"，让一段本来比较平淡的做菜过程显得很有技巧。

5.7

知识技巧分享类短视频

知识技巧分享类短视频内容偏向于分享生活小知识、冷知识等，满足观众对内容实用性的需求。这类短视频的拍摄内容一般是知识的讲解，或者某些小技巧的分享，在拍摄时需要注意以下要点。

1. 俯拍更合适

在拍摄不同种类的技巧分享时，机位布置是不同的，例如，在拍摄编织中国结、手绳的视频时，最好选用俯拍的机位，并选择纯色的背景与颜色鲜艳的绳子，比如红绳，这样的搭配在镜头下会显得更加清晰，如图5-13所示。

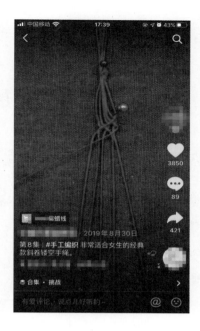

图5-13

2. 剪辑节奏把控

生活技巧分享类的短视频在后期剪辑的过程中，要注意剪辑节奏。首先，播主需要剪掉拍摄过程中产生的一些无用的镜头。其次，某些需要较长时间才能出结果的操作步骤，可以利用一些特殊的拍摄、剪辑技巧来体现时间的变化，例如，延时拍摄或快动作剪辑，效果如图5-14所示。

图5-14

5.8

技能展示类短视频

技能展示类的短视频可以细分到各个领域，比如化妆技能、舞蹈技能，甚至各种冷门技能。其主要内容为播主运用自身掌握的某方面技能，配合配乐与剪辑，营造"大神"形象，打造领域个人IP来吸引用户。部分技能展示还可以配合技能教学，使粉丝黏性更高。这类短视频的拍摄要点如下。

1. 突出技能的实用性

这类短视频的内容一般会全面展示某项技能，在进行拍摄时，播主要注意突出该技能的实用性，强调观众在掌握这项技能之前与之后的区别。例如，美妆类视频就需要突出妆前与妆后的区别，在化妆过程完成后，播主可以再加上一段化妆前与化妆后的对比，同时，妆后部分最好加上发型与服装的搭配，这样一来，观众会受到比较强的视觉冲击，如图5-15所示。

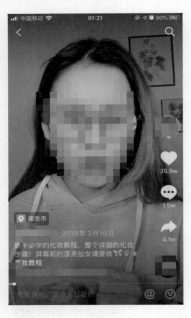

图5-15

2. 巧用特写

在拍摄技能展示的关键步骤或精彩之处时，可以采用特写镜头进行拍摄，让观众能清晰地看到，以方便学习。例如，在美妆视频中，播主进行细节部分的化妆时，可以将镜头推进成该部分的特写，而在舞蹈技能展示时，可以将镜头景别切换为上半身的近景拍摄，展示舞者上半身的动作细节，拍摄效果如图5-16所示。

图5-16

5.9

教学类短视频

目前大多数的教学类短视频还处在商业盈利的探索阶段，教授的内容也是五花八门。目前，抖音上比较常见的类型是各类软件教学或者技能教学。这类视频的入门比较简单，也是抖音观众——上班族们，能在工作中用到的知识。这类视频的拍摄要点如下。

1. 把控教学节奏

常见的教学类短视频都是多步骤教学，不是一步就能完成的，教学类短视频的核心就是向观众展现这些步骤。如果是PS、Office这类技能教学，则需要做到让观众看清楚每个步骤所使用了什么，从哪里可以找到它，如抖音号"Excel教学课堂"，在教授不同的Excel技能时，将每一步选用的按钮都展示得十分清楚，如图5-17所示。

图5-17

2. 字幕、语速很重要

教学类短视频的字幕与画面，是指导观众进行技能学习的两大关键之处，在观众无法看清楚画面中的播主执行了何种操作时，则可以用字幕说明。所以，在教学类短视频中，字幕十分重要，字幕要尽量做到体现完整的操作步骤，让观众更容易获取信息。例如，抖音账号"PS"就很清晰地在字幕中体现出教学步骤，如图5-18所示。

图5-18

5.10

咨询解答类短视频

在日常生活中，人们有很多亟需解决的专业问题无处寻求帮助，也许正是看中这一市场信息的不平衡，咨询解答类的短视频应运而生。在这类视频中，比较常见的类型有法律咨询、情感咨询等，这类视频的拍摄要点如下。

1. 凸显专业性

在拍摄咨询解答类短视频时，最好邀请具有执业资质的播主出镜。如果无法做到这一点，也要在造型上下功夫，提高播主的可信度。如健康解答类账号"恩哥聊健康"，该账号的每一个短视频中，都是播主穿着白大褂，以真人出镜的形式进行拍摄，如图5-19所示。

图5-19

2. 加入生动剧情

部分有创意的咨询解答类账号，在引入话题时会采用剧情表演的形式，这类剧情通常是大众生活中的小场景，如面试的场景等。这样的方式可以很自然地将观众带入剧情，使观众感同身受。同时，剧情演绎要求出镜者演技自然且细腻，为观众营造一个真实、有代入感的环境。比如，某职场知识的咨询解答账号的短视频，如图5-20所示。

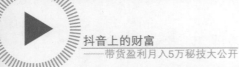

图5-20

5.11

影评剧评/乐评类短视频

影评剧评类短视频也是抖音平台中十分常见的短视频类型，这类短视频可以在短时间内向观众讲解一部影视剧的精彩部分，让用户花很短的时间就能"看完"一部时长超过1小时的电影，或者集数很多的电视剧。乐评类短视频则可以带用户回顾经典音乐，或者向用户推荐不错的歌曲。这类短视频的拍摄要点如下。

1. 画面居中，上下留白

这类视频在视频画面上往往有两个重点内容，一是电影、电视剧或音乐MV的剪辑画面；二是播主的讲解内容，所以通常短视频会采取将电影或电视剧画面居中，上下留白的形式。这样的页面布局，不会遮挡视频内容，还可以在画面上方打上标题，例如，抖音号"尉迟杰影评"，就是这样安排画面结构的，如图5-21所示。

2. 适当的真人出镜

大多数影评剧评类短视频不需要真人出镜，但如果加入真人出镜，也许能收获意想不到的效果。剪辑者可以在适当的时候将电影或电视剧画面，切换为播主的解说画面，比如：当剧中人物做出某一"迷惑行为",让人完全摸不着头脑时,可以切换到播主费解的表情,如此可以营造笑点,但要注意把握好节奏。

图5-21

5.12

商品评测类短视频

商品评测类视频的拍摄难度不算很高,不需要太多的技巧,但想要拍摄出优质的商品评测类短视频并不容易。这类视频的重点是播主评测的商品,在拍摄过程中,如何更全面地展现出商品的外观、性能优势,如何增强信服度,是这类视频拍摄的关键。商品评测类视频的拍摄要点如下。

1. 真人出镜

商品评测类短视频最好可以做到真人出镜,除了可以营造播主独特的个人风格外,还可以增加视频内容的可信度。例如,抖音号"老爸测评",该账号的定位是"真实"和"不收商家费用"的测评,播主打造的"老爸"形象也显得十分可靠,账号发布的短视频如图5-22所示。

图5-22

2. 运用合适的镜头

为了体现商品评测的客观性，视频需要对评测商品进行多方面的展示，同时配合播主的语言讲解。所以在视频中，不仅需要给出测评商品的全景镜头，还要给出商品不同细节的特写镜头。全景镜头可以向观众展示商品的全貌，特写镜头用来放大商品的多处细节，让用户加深对商品的了解。多镜头的结合能体现评测的全面性与严谨，增加观众对评测的信服度。依旧以"老爸测评"为例，视频中不同景别的画面，如图5-23所示。

图5-23

5.13

商品开箱类短视频

商品开箱类视频与商品测评类短视频有相同之处，都是评测产品的使用感受和性能等，但也有不同，从大的商品分类上来说，商品开箱类短视频针对的大多是科技类产品，如新上市的手机、游戏机等。这类短视频的拍摄要点如下。

1. 加入"特色道具"

商品开箱类短视频着重于开箱这一过程，想要在开箱过程中玩出不一样的花样，可以策划比较有趣的开箱动作。例如，抖音号"良介开箱"，该账号在开箱时，旁白云："小心翼翼地打开"，可实际上播主在视频中的开箱动作，却是非常粗暴地用水果刀或者手机将快递"砸开"。二者形成趣味十足的反差，吸引了超过400万粉丝关注，短视频如图5-24所示。

图5-24

2. 多角度光源

通常刚刚开始运营商品开箱类短视频账号的新晋播主，会运用俯拍的方式，固定机位进行视频拍摄。而运营得比较成熟的播主，则会将商品放在展示台上，搭配真人出镜进行录制。两种方式并无优劣之分，但在光线运用上，如果只运用单一地顶光，那么播主和商品在视频画面中都会出现大块的阴影，影响最终的视觉效果。所以，建议使用多种不同角度的光源相结合的方法进行拍摄，使拍摄主体的每一个面都能被照亮，以提升视频的拍摄质量。

5.14

商品展示类短视频

想要在同类短视频中脱颖而出，短视频内容一定不能太简单粗暴，商品展示类视频更是这样。在短视频中"直抒胸臆"的拍摄方式，并不能打动渴望多元化的用户。商品展示类短视频的拍摄要点如下。

1. 营造场景

为商品营造合适的使用场景，这是商品展示类短视频的常用方式之一。这一方式其实非常考验新媒体团队的创造力，想要做到自然、生动，能打动观众，需要为商品选择最适合它的场景，最好能击中用户的痛点。例如，把自热饭盒放在上班族独自一人深夜加班的办公室，既为自热饭盒找到了合适的场景，也用场景击中了更多用户的痛点。再如，抖音号"曲径视觉营销"运用了营造场景的拍摄方式，将情侣装放在街头场景进行展示，如图5-25所示。

图5-25

2. 融入情节或技巧

除了适合的场景，为了让短视频更富有情节性、趣味性，新媒体团队可以构思一个小情节来引入商品，或者将商品展示融入一个小技巧中，这样的展示形式更新颖，"干货"更多。以展示某种隔音材料为例，抖音号"设计师阿爽"在展示之前编排了一段剧情，如图5-26所示。

图5-26

5.15

商品制作过程类短视频

商品制作过程类视频以美食制作为典型代表。在目前的抖音市场中，关于美食制作的短视频具有巨大市场潜力，这类视频的拍摄关键就是要清晰地展示美食制作步骤，并将最后的成果以最诱人的方式展现出来。商品制作过程短视频的拍摄要点如下。

1. 灵活的拍摄手法

在拍摄商品制作过程类短视频时，一方面需要讲述制作步骤，另一方面需要展示最终成品。所以，在拍摄制作步骤时，通常是固定一个拍摄位置，对制作平台进行俯拍；而在拍摄成果时，可以采用移镜头进行拍摄。如抖音号"家常美食教程（白糖）"的短视频中，某条分享鸡腿制作方法的短视频中，就运用了移镜头的拍摄方法来展示菜品成果，如图5-27所示。

图5-27

2. 运用高颜值道具

短视频在输出内容的同时，也是一种美的表达方式，对于商品制作过程短视频来说，其终极目的是为了让用户对商品，或视频中使用的其他道具产生兴趣。所以，这类短视频中的商品主体，以及与之配合的道具都需要具有一定的颜值，才能让用户赏心悦目。例如，抖音号"七禾"的短视频大多数都是播主进行手工皂切割的操作，而大块手工皂切割后的横截面，则被做成世界名画，或者其他美丽的图案，十分好看，如图5-28所示。

图5-28

5.16

商品产地采摘与装箱类短视频

产地采摘与装箱类短视频中的商品一般以水果为主，典型的是比较原生态的果园采摘。但目前这类视频火爆的比较少，主要原因在于很难有账号将这类视频拍出新意。商品产地采摘与装箱类短视频的拍摄要点如下。

1. 少用镜头切换

在产地拍摄采摘与装箱的短视频，其中一大目的是向观众展示水果原产地的真实性，以及水果的新鲜，过多的剪辑镜头也许会让短视频变得更加精致，但却会让观众留下"是否采摘的水果与发给我的并不是同一批"这样的疑惑。

2. 对商品进行"加工"

在拍摄产地采摘与装箱类短视频时，让商品看起来更诱人，会促进商品的销量。当商品为水果时，拍摄者可以在拍摄前先擦干净水果上的灰尘，或者在雨后进行拍摄，这时水果上带有未干的水珠，会显得更加晶莹剔透，更加新鲜。拍摄者也可以人为制造出类似效果，例如在水果上撒上一些水珠等。某账号的水果展示短视频，如图5-29所示。

图5-29

第 **6** 章

轻松掌握短视频后期制作

视频剪辑是视频制作不可缺少的环节，它相当于为视频做一次华丽精美的包装，使之更容易受到用户的喜爱。在这个包装过程中，需要利用素材之间的关联性、镜头运动的关联性，场景与逻辑的关联性将故事讲清楚，还需要运用特效、音乐、字幕等，对视频进行点缀。这样一来，好的故事与好的视觉效果相结合，才能构成一段高质量的视频。

新媒体团队中必须有一个专门的职能部门进行视频后期制作，因为后期制作实践性很强，只有熟练掌握后期制作的步骤，才能更好地对视频进行包装，产出高质量的短视频，以吸引更多的粉丝。

6.1

方便快捷的手机端剪辑软件"乐秀"

目前的市场上有许多不同风格、不同功能的剪辑软件，其中，乐秀是一款操作十分方便的手机视频剪辑APP，支持Android、iOS两大手机平台。乐秀的操作界面，如图6-1所示。

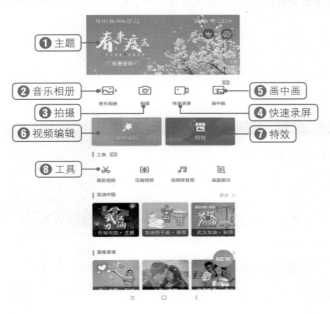

图6-1

❶主题：用户可以在此处查看视频主题，并将主题应用到视频素材的后期制作中。

❷音乐相册：可以将静态图片制作成带有配乐和特效的动态音乐相册。

❸拍摄：点击进入后可直接进行视频拍摄，这个拍摄功能与使用相机的录像功能相比，其优越之处在于可以使用特效或贴纸进行拍摄。

❹快速录屏：一定时间内，可以录制屏幕上所有的操作。

❺画中画：主要面向乐秀的VIP用户，操作者在成为VIP后，将享有更多个性化的操作。

❻视频编辑：视频编辑的常用入口，用户在视频编辑时，可导入手机中的本地素材进行后期处理。精美滤镜功能可以为视频添加滤镜，打造更好的视觉效果；视频涂鸦功能可以直接对视频进行涂鸦，增强了视频的创造性；动态贴纸功能可以将有趣的贴纸粘贴到视频中，让视频更富有趣味。

❼特效：提供各类短视频制作素材，供用户制作短视频特效之用。

❽工具：包括剪裁、压缩视频、视频转音频、画面剪裁等功能。

此外，用户在乐秀APP编辑视频之后，还可以直接将视频发布到美拍、优酷、朋友圈等平台。

6.2

功能强大的电脑端剪辑软件"爱剪辑"

爱剪辑是一款比较流行、容易上手的视频剪辑软件。爱剪辑目前只有PC端的版本，没有手机端的APP。爱剪辑的操作界面设计比较符合国内用户的使用习惯、功能需求与审美特点，其界面如图6-2所示。

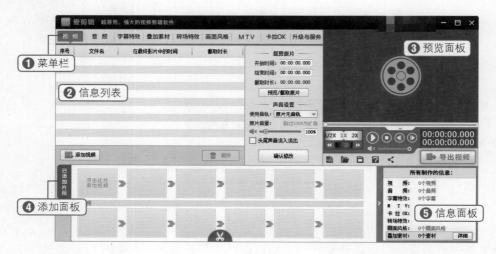

图6-2

❶ 菜单栏：包括"视频""音频""字幕特效""叠加素材""转场特效""画面风格""MTV""卡拉OK"以及"升级与服务"等多个栏目，需要进行某项操作时，用户可直接单击对应的图标。

❷ 信息列表：展示编辑的视频或者音频的区域，假如要剪辑两段或者两段以上的视频，用户可以在此面板中查看，先剪辑好的视频素材的相关信息，如文件名、截取时长等。此外，这个区域同时也是设置各种特效的地方，用户可以在此处选择视频的风格和转场。

❸ 预览面板：展示剪辑中视频效果的面板，在此区域，用户可以调节视频的播放速度以及音量。

❹ 添加面板：主要展示添加的视频或者音频素材。用户双击空白处即可添加和上传视频，十分便捷。

❺ 信息面板：主要用于展示制作中视频的详细信息，用户每多加一个步骤，信息面板中的视频信息就会产生变化，可以清晰地了解自己的剪辑流程。

另外，爱剪辑为新用户提供了基础教程、进阶教程以及实例教程。在爱剪辑"升级与服务"的"软件"栏目中，有一个"爱剪辑在线教程"入口，新手可以点击此处进入教程，教程入口如图6-3所示。

图6-3

6.3

短视频剪辑的六个要点

优秀的视频剪辑将数量巨大的视频素材有机排列，让视频整体流畅自然，节奏有起有伏，并能使观众感觉不到剪辑的痕迹。要做好视频剪辑，需要考虑6个要点：信息、动机、构图、角度、连贯、声音。

1. 信息

信息指通过镜头呈现给用户的内容，它既是每一个镜头想要表达的内容，也是所有镜头连接在一起想要表达给用户的整体内容。视频中的信息由视觉信息和听觉信息共同构成，视觉信息指画面中呈现的一切内容，包括演员、场景、道具等；听觉信息包括背景音乐、旁白、台词等。

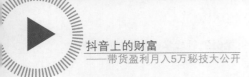
2. 动机

无论是镜头的切换，还是演员的动作，都有一定的动机，这涉及整个视频的内在逻辑。在剪辑工作中，剪辑人员需要遵守这一内在逻辑来进行剪辑，不能将无关联的镜头拼凑在一起，而是要优化拍摄工作中没有处理好的镜头。

3. 构图

视频的构图由被摄主体、周边对象以及背景共同构成，不同的构图所展现的含义是不一样的，剪辑的过程中要保证镜头语言与台词意图的一致性。

4. 角度

角度主要由摄影师决定，受到摄影机的摆放位置、人物的站位以及拍摄主体不同等因素的影响。剪辑人员在后期剪辑时可以调整这些角度，同时需要思考如何通过不同的角度展现人物的特点，以获得最佳的后期效果。

5. 连贯

连贯是指视频内容的连贯性，好的剪辑师能使视频呈现出平稳、连贯的效果，给观众提供更加流畅的感官体验。

6. 声音

声音的剪辑方法包括对接剪辑和拆分剪辑。对接剪辑就是画面和声音的剪辑点一致；拆分剪辑是指画面先于声音被转换，使画面切换更加自然。

6.4

为短视频添加转场效果

在一段视频中，镜头之间的转换可以在拍摄时进行，如物体遮挡转场，还可以在后期剪辑中利用软件添加。软件添加的转场有多种不同的效果，可以让镜头与镜头之间的衔接更加流畅，还可以丰富视觉效果。

转场特效就是在不同的视频片段之间，使用专用的转场模板进行过渡。使用爱剪辑中的"从四面八方同时飞进"的特效，来制作的视频转场效果，如图6-4所示。

在图6-4中，左图为转场前的部分，在添加了"从四面八方同时飞进"这一转场效果后，视频画面从四角飞入第二段视频的起始画面，转场效果如图6-4的中间图所示，而转场后的效果如图6-4中的右图所示。这一转场效果的具体步骤如下：

图6-4

01 打开爱剪辑，点击"添加视频"按钮，如图6-5所示。

图6-5

02 在弹出的对话框中，❶选择需要打开的文件；❷点击"打开"按钮，如图6-6所示。

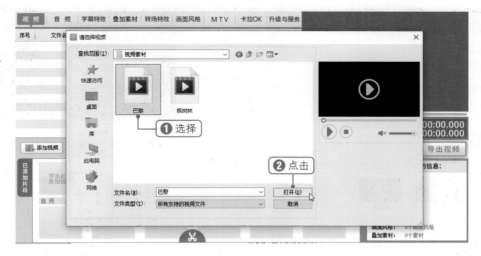

图6-6

03 因为转场效果只能用于两段独立的视频之间，所以裁剪人员需要按照上一步的操作步骤，再添加

一个视频。或将之前添加的视频素材进行裁剪，裁剪可以在剧情转折处进行，裁下的后半段视频会自动转化为第二段视频。

04 在第二段视频处，设置两个视频之间的转场特效。❶ 选中第二段视频；❷ 点击菜单栏中的"转场特效"；❸ 若信息列表中的特效选项是收拢的，则点击"展开"按钮；❹ 找到合适的效果后，点击"应用/修改"按钮，如图6-7所示。

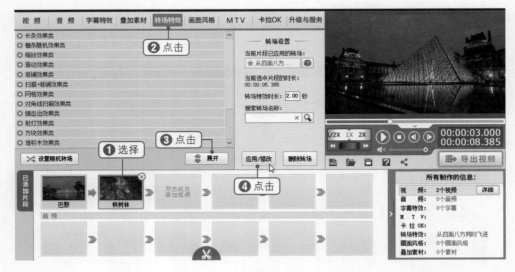

图6-7

05 检查转场效果，导出视频。在上一步完成后，预览面板中的视频会自动播放添加转场特效后的结果，❶ 点击"播放"按钮检查转场效果；❷ 满意后点击"导出视频"按钮将视频导出来，如图6-8所示。

图6-8

6.5

为短视频添加音乐、音效与配音

　　配乐决定着视频灵魂的颜色，是吸引用户注意力的好方法。一段内容优质的短视频，如果没有与之匹配的音乐，那么就缺少了点睛之笔，不能称之为一段好的短视频。

　　为短视频添加配乐需要从多个方面进行考虑，这十分考验剪辑人员的技术。以爱剪辑软件为例，添加配乐、配音或音效的步骤如下：

01 打开爱剪辑，添加需要配音的视频素材。

02 点击"音频"菜单，如图6-9所示。

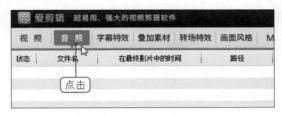

图6-9

03 ❶ 点击"添加音频"按钮；❷ 在下拉菜单中选择"添加背景音乐"选项，如图6-10所示。

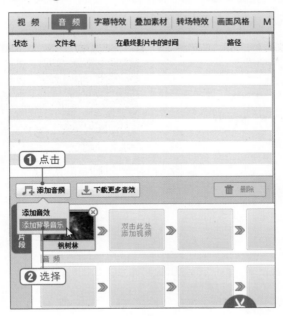

图6-10

04 在弹出的"请选择一个背景音乐"对话框中，❶ 选择需要的音频文件；❷ 点击"打开"按钮，如图6-11所示。

图6-11

05 在"预览/截取"对话框里，❶ 点击"播放"按钮；❷ 播放到需要截取的片段的开头部分时，在"开始时间"栏目旁，点击"快速获取当前播放的音频所在的时间点"按钮，如图6-12所示。

06 ❶ 在播放到需要截取的片段的结尾部分时，在"结束时间"栏目旁，点击"快速获取当前播放的视频所在的时间点"按钮；❷ 点击"播放截取的音频"按钮，试听所需音频是否正确；❸ 点击"确定"按钮，保存操作，如图6-13所示。

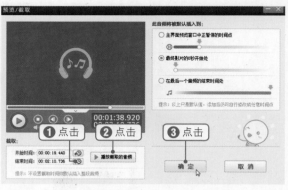

图6-12　　　　　　　　　　　　　图6-13

07 ❶ 检查音频特效是否正确；❷ 点击导出视频即可，如图6-14所示。

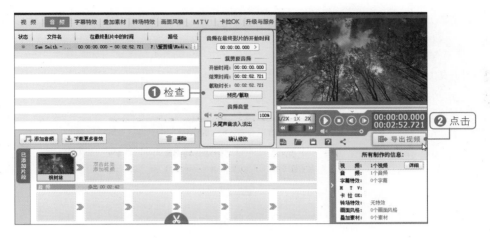

图6-14

6.6

❁

为短视频添加字幕

字幕可以精准地传达视频的信息，例如，在剧情类视频中，字幕可以以内心独白的形式出现，作为演员台词的无声补充。在卖货商品中，字幕更可以展示商品的卖点。此外，字幕还可以用来吸引观众的注意力。添加字幕后的短视频画面效果如图6-15所示。

图6-15

字幕添加是许多视频剪辑软件都能实现的功能，例如，在爱剪辑中为视频添加字幕就十分方便，具体步骤如下：

01 打开爱剪辑，添加一段视频素材。

02 点击"字幕特效"菜单，如图6-16所示。

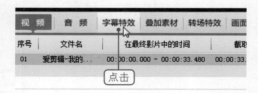

图6-16

03 ❶ 双击画面上需要添加字幕的地方；❷ 在弹出的"输入文字"对话框中输入需要添加的字幕文字；❸ 点击"确定"按钮，如图6-17所示。

图6-17

04 设置字幕特效。❶ 选择合适的字幕特效；❷ 点击"停留特效"选项卡；❸ 选择满意的字幕停留特效；❹ 点击"消失特效"选项卡；❺ 选择满意的字幕消失特效，如图6-18所示。

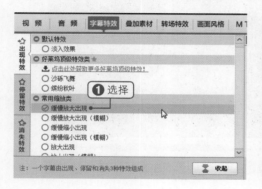
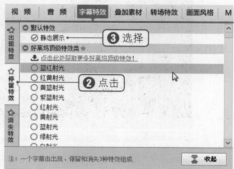

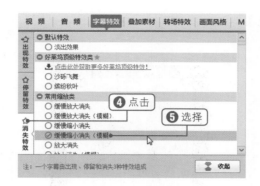

图6-18

05 设置字幕的字体、字体大小、排列方式、对齐方式、颜色等，如图6-19所示。

06 ❶ 点击"特效参数"选项卡；❷ 设置特效参数，输入"出现时的字幕""停留时的字幕"和"消失时的字幕"出现的特效时长；❸ 点击"播放试试看"字幕效果是否满意，如图6-20所示。

图6-19

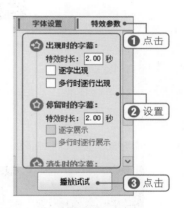

图6-20

07 重复以上步骤。在视频中需要添加字幕的地方进行重复操作，完成后导出视频即可。

6.7

为短视频抠图变更场景

在好莱坞电影中，时常能看到场面宏大的特效，不管是宏伟、奇幻的建筑物，还是只存在于神话或童话中的动物，都是特效制作的结果。在短视频制作中，也可以进行这样的后期处理，例如将短视频的背景进行抠图变更场景，换成其他想要的背景。

　　使用美册APP就可以实现为短视频更换背景的工作，某视频在简单更换背景后的效果，如图6-21所示。

图6-21

　　在图6-21所示的短视频中，将原本视频素材中的人物与猫咪"抠"了出来，更换一幅图片作为新的背景。其具体制作步骤如下：

01 打开美册APP，点击菜单栏中的"制作"按钮，如图6-22所示。

02 点击"视频抠像"按钮，如图6-23所示。

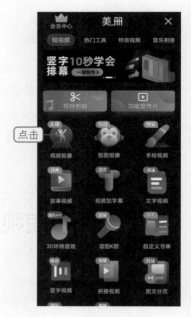

图6-22　　　　　　　　　　　　　　图6-23

03 页面将直接跳转到本地相册，点击"全部"下拉菜单，在分类菜单中找到合适的视频素材，如图6-24所示。

04 选中视频素材后，❶ 拖动红色方框的两边，在视频剪辑页面选择需要截取的视频的长度；❷ 点击"√"确认，如图6-25所示。

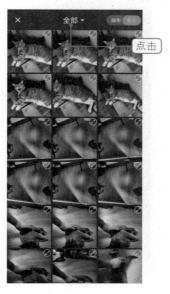

图6-24

图6-25

05 ❶ 设置视频的尺寸与分辨率，完成后，❷ 点击"选择"按钮，如图6-26所示。

06 为视频选择合适的背景。用户可以在软件提供的素材栏页面中选择，也可以在本地素材中选取。点击"本地素材"按钮，如图6-27所示。

图6-26

图6-27

07 在本地素材中找到合适的背景图片，并点击选中，如图6-28所示。

08 选定背景后，❶ 拖动方框左上角调整抠像素材的位置；❷ 拖动抠像素材虚线方框的右下角进行素材大小调整；❸ 调整完毕后，点击"预览"按钮，如图6-29所示。

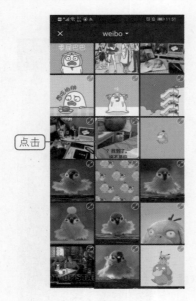

图6-28

图6-29

09 点击"预览"按钮后，页面显示"正在生成视频"，如图6-30所示。

10 保存或分享。❶ 点击"保存本地"按钮，保存视频；❷ 点击"发布作品"在美册发布；❸ 点击下方的按钮直接分享至微信、QQ或抖音平台，如图6-31所示。

图6-30

图6-31

6.8

为短视频添加大片特效

没有浑然天成的拍摄，只有用心良苦的剪辑。对抖音短视频来说，有时剪辑比拍摄更重要。许多视频剪辑APP也懂得这一点，因此为用户提供了许多"一键生成"的视频模板，让用户可以一秒制作大片特效。

剪映就是这样一款软件，用户可以用它来"剪同款"，一键制作抖音热门视频，例如抖音一度流行的"拼图变身"短视频，其效果如图6-32所示。

图6-32

"拼图变身"的特效是将一段素材通过分节拼凑的方式呈现出来，并配上有节奏感的音乐，最后加上一个特效，以求达到震撼观众眼球的效果。其具体制作步骤如下：

01 打开剪映APP，点击"剪同款"按钮，如图6-33所示。

02 在热门模板中，点击"拼图变身"模板，如图6-34所示。

| 图6-33 | 图6-34 |

03 点击剪同款按钮，如图6-35所示。

04 ❶ 选择中意的图片或视频素材，导入5次；❷ 点击"下一步"按钮，如图6-36所示。

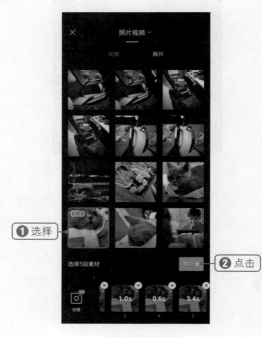

| 图6-35 | 图6-36 |

05 预览制作好的视频，点击"导出"按钮，如图6-37所示。

06 点击"直接导出"按钮，即可保存视频，如图6-38所示。

图6-37

图6-38

6.9

卖货视频4种拍法，分分钟种草目标客户

抖音卖货的播主数不胜数，但是卖货的效果最终还是要体现在商品销量上。也就是说，拍摄短视频其实最终也是为卖货服务的，针对目前种草视频的拍法以及用户的心理，可以总结出卖货短视频的4大拍摄形式，播主可以如法炮制，在前人总结的经验中探寻属于自己的短视频道路。

1. 场景化拍摄

对于出现在种草短视频中的商品而言，都会有一个或多个特定的使用场景，而场景化拍摄恰恰就是将商品植入生活化的场景，告诉观众"这款商品的便捷之处也能为你所用"，从而激发观众的购买欲。在这类短视频中，展示的场景越多，越贴合人们的生活，就越能打动观众。例如，某抖音种草号在种草纳米喷雾这一商品时，就展示了它在日常生活中的两大使用场景，如图6-39所示。

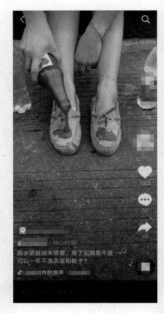
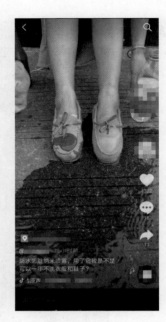

图6-39

图6-39所示的短视频中，播主首先将纳米喷雾喷在了白色T恤的正面，之后用可乐淋在T恤上，模仿白色T恤被饮料或油污飞溅弄脏的场景，但白色T恤完全没有受到影响。接下来，播主又将喷雾喷在了鞋子上，之后将番茄酱倒在鞋子表面，鞋子立马变脏，这时，观众心中几乎已经能预见到洗鞋的辛苦了，然而，播主又将矿泉水倒在沾满番茄酱的鞋上，矿泉水竟然毫不费力地将番茄酱都冲走了。在雨天或其他意外因素弄脏鞋子，是大家非常头疼的一件事，这个视频展示了避免浅色T恤和鞋子弄脏的方法，这样的场景化展示非常容易打动观众。

2. 讲解式拍摄

讲解式拍摄最大的特点是不需要真人出镜，在视频画面中只出现商品的相关展示，画外音则对商品所解决的痛点进行讲解。有时，甚至视频画面的内容与讲解内容可以出现不统一的情况，例如，视频画面显示的是某款商品方便易携，而画外音则是在谈论打扫家中卫生死角的困扰。如果处理得好，并不会影响视频的种草效果。

例如，某抖音号种草一次性口水巾的短视频，在视频中播主只有双手出镜，画外音首先道出用户的痛点：流口水时期的婴儿很容易将口水流得到处都是，但布制的口水巾需要不停清洗，容易滋生细菌，一次性口水巾则很好地解决了这个问题。视频画面中首先展示这款一次性口水巾强大的吸水能力，且在吸水后非常干爽不会反渗；其次，在宝宝口水将花朵型的一次性口水巾的一角弄脏后，宝妈可以为旋转口水巾，让宝宝继续使用干净的另一角，如图6-40所示。

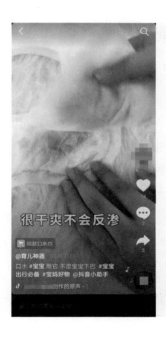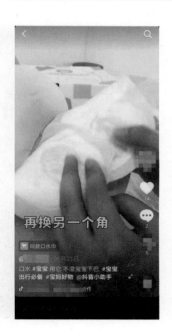

图6-40

在图6-40所示的短视频中，经过画外音与视频画面的双重展示后，一次性口水巾的方便之处已经完全展现在观众面前了，有这方面需求的观众对这款商品的兴趣应该非常浓厚了，完全可能将心动转化为行动，点击购物车进行下单。这就是讲解式拍摄的优势所在。

3. 仪式感拍摄

仪式感拍摄的核心在于：给商品赋予仪式感，即情感意义，将商品转化为情感的连接器。曾十分流行的"女友发圈"就是一款仪式感商品的典型例子。这款商品只是一个女生扎头发用的头绳，但是聪明的商家却将这个发绳的使用对象转化为有女朋友的男生们，让男生们用这个发绳来标榜自己已经是"有主"的人了，而且在女朋友忘带发绳出门时，"女友发圈"还能发挥其本职作用。在这样的情况下，"女友发圈"已经不仅仅是一个发绳了，女生认为，愿意将"女友发圈"戴在手上的男友是爱自己的，所以这款商品被赋予了超出其本身的情感含义。

在抖音中，特定商品的种草视频拍摄，也可以借鉴这样的营销方式。具体方法是，先将创意构思好，之后打磨出简洁且吸引人的"一句话文案"，之后用视频呈现出需要表达的感觉，合理运用配乐。例如，可以将电动牙刷与精致生活联系起来，在标题文案与视频内容中呈现出来，让观众觉得拥有了这款高颜值的电动牙刷，是精致生活的第一步。

4. 情景剧拍摄

情景剧形式的卖货视频，相信资深的抖音用户们一定不会陌生。这类视频最吸引人的部分就是有趣的视频情节，同时，视频情节也是这类种草视频的最大卖点。以情景剧形式拍摄的种草短视频，如图6-41所示。

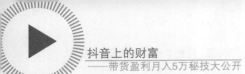

图6-41

　　图6-41所示的短视频，并不是一开始就引入商品，直言用户痛点，而是以男生追求女生的不同态度和做法入手，展现了"套路型男生"与"真爱型男生"两种不同类型。图6-41左图中的男生属于第二种类型的男生，他观察到女生没有专业的化妆工具，用手上妆又十分容易导致脸部过敏，于是他在第二次见面中为女生精心挑选了一套化妆刷作为礼物，而化妆刷恰恰就是这条短视频想要推销的商品。该视频故事情节饱满，在引入商品前，做了非常多的铺垫，让观众不反感，也乐于购买该款商品。同时，由于故事剧情为视频加分，该条视频获赞量超过了12万，如此一来，就能被系统推送给更多的观众，这也意味着，会有更多的观众可能为商品买单。

第7章

抖音平台吸引粉丝秘技

抖音发展越发强势，人人都想从中分一杯羹，但并不是每一个人都能成为风口上的胜利者。不懂吸引粉丝，没有流量，就只能眼看着其他成功者不断获取利益，赚得盆满钵满。其实，吸引粉丝是有方法的，新手播主要想为自己的账号引流、增粉，就必须静下心来，认真学习增粉的实操技巧，并将其与自身账号内容相结合，如此方能厚积薄发，在抖音中轻松赚钱。

7.1

如何快速引起平台注意

在抖音号刚刚进入运营阶段时，账号很难在短时间内拥有极大的流量，但在这一阶段，新媒体团队又需要不断地通过各种方法为账号吸引到额外的关注，才能使账号脱离"冷启动"的尴尬时期。

1. 参加官方挑战赛

参加抖音的官方挑战赛是账号获得更多关注的一个常用方法。官方挑战赛分为两种，第一种是平台为活跃用户而开通的挑战赛，如某种新型舞蹈的挑战赛；第二种则是广告主为了品牌或新品宣传，与抖音合作发起的挑战赛。这两种挑战赛都是抖音平台在短时间内优先进行流量扶持的领域，如果账号与挑战赛有一定的关联性，那么就容易获取更多的流量。例如，2019年"奇多奇葩吃挑战赛"的宣传页面与参与挑战选手的画面，如图7-1所示。

图7-1

2. 运用热门背景音乐

许多新手播主并不了解，运用热门背景音乐，其目的不在于"蹭热度"。事实上，一款传播广泛的热门配乐，其"刷屏"效果不容小觑，而抖音的算法推荐机制，很可能会将使用这款配乐的新视频，推荐给曾经与这一配乐发生过交互行为的用户，比如，曾为使用该配乐的视频点赞过或者评论过的用户。换一种说法，热门背景音乐本身就是一种极大的流量，使用热门配乐可以获取其背后的流量。

3. 使用官方贴纸和道具

许多排名靠前的官方贴纸或者道具，都是近期的广告主通过购买而来的，比如曾一度风靡抖音的"supreme"贴纸，它曾经被大量用户作为彰显个性的标签，运用在各类短视频中，品牌知名度迅速提升，同时，这一贴纸也获得了相应的官方流量倾斜。最后形成"使用人数多，导致流量增大，之后使用人数更多"的良性循环。2020年6月，在抖音上十分流行的热门道具是"变身漫画"，与其相关的视频已经超过了29亿的播放量，如图7-2所示。

图7-2

4. 对老视频持续进行流量刺激

抖音的"挖坟"惯例是许多新媒体团队都烂熟于心的技能，这是指抖音平台除了将新发布的短视频在流量池中进行不断推荐，还会发掘一部分已经发布很长时间的老视频。所以，播主需要不断利用其他账号对自己的老视频进行流量刺激，也就是对视频进行点赞、评论、转发等，给系统以"这条视频依然有人感兴趣"的印象，这类行为最终可能争取到系统为视频进行二次推荐。

7.2

获取种子粉丝，3招搞定

在账号刚开始投入运营时，会经历一段时间的"冷启动"时期。想要打破这样的困境，成功度过账号发展的第一阶段，重点在于获取种子粉丝，新媒体团队可以通过3大技巧来获取种子粉丝。

你问我答

什么是"种子粉丝"？

种子粉丝这一概念由种子用户衍生而来，种子用户是指新产品的第一批用户，而种子粉丝特指第一批关注短视频账号的用户。

1. 增加账号曝光率

"曝光率"是指短视频被展示在观众面前的频率和次数，决定着发布的内容能否被更多观众看到，所以在一定程度上也决定着粉丝的转化率。除了参加抖音官方挑战赛外，新媒体团队还可以从以下3个方面来增加账号的曝光率：

- 发布优质内容。优质的短视频内容是观众喜欢看的，最利于传播。以优质的内容带动播放量和完播率，进而带来观众的关注，也是一个非常有效获取种子粉丝的方式。
- 多渠道推广。利用账号运营者个人的社交关系和影响力，或者付费联系一些可以帮助转发的KOL，将账号内容在朋友圈、微信群、知乎、贴吧、微博等其他非抖音渠道进行推广传播，增加曝光率，以获取更多不同平台用户的关注，并将他们吸引至抖音平台。
- 付费推广。抖音平台提供了付费推广渠道，即上热门的工具——"DOU+"。使用"DOU+"的短视频会出现在抖音首页的推荐流中，根据智能推荐算法，将视频展现给更多的潜在粉丝，有助于抖音运营者获取更大的曝光量和更多的种子粉丝。

2. 蹭热度

"蹭热度"这种推广方式在新媒体领域非常常见，因为这种方式的确容易吸引公众的眼球，形成巨大的传播效果，并且还不用花费很大的力气。这样的借势营销，也是抖音平台许多播主经常会用到的。

评论热门视频是进行热度交换的一个好方法，在大V或热门视频下面评论、回复，分享自己的观点，帮助别人解决问题或交流问题，用精彩独到的观点引起别人的关注，也是一种获取流量的方式。抖音用户经常会在不同的抖音视频评论区里看到同样的人在发表不同的有趣、有用的评论，这就是一种典型的"蹭热度"的运营账号方式。例如，抖音号"上海小阿姨"就曾在拥有超过3411万粉丝的"多余和毛毛姐"的短视频下留言，美妆号"可可爱爱的凡凡"也曾评论"毛光光"的短视频，如图7-3所示。

图7-3

　　除了评论热门视频外，播主还可以利用另一种方式来"蹭热度"，搭上热点的顺风车。例如，当李佳琦刚开始火爆的时候，就有很多播主模仿李佳琦的卖货方式，自称是"xx界李佳琦"，为自己打出了辨识度较高的标签，从而获取了比较大的流量。在蹭李佳琦热点的账号中，"天天小朋友"可以说是一股清流。该账号的播主是一位小男孩，他凭借惟妙惟肖的演技，模仿李佳琦推广口红的方式，推广自己的文具，实在是让人忍俊不禁，最后也得到了李佳琦本人的回应，如图7-4所示。

图7-4

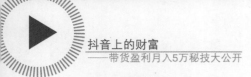
3. 活动推广

活动推广是线下商家常用的营销方式。对于抖音播主来说，活动推广也是获取忠实粉丝的有效方法。活动推广主要可以分为以下2种方式：

- 转发抽奖。转发抽奖听起来是比较老套但的确也是一种非常实用的推广方法，这类活动的奖品设置非常关键，不一定要实体的奖品或红包，也可以是其他形式，比如，奖品可以设置为向某领域成功人士一对一提问的机会。决定奖品设置是否成功的关键在于用户思维的把控，新媒体团队需要考虑：什么样的抽奖设置能最大程度地激发用户的参与度。

- 线下推广。成功的线下推广能以比较低的成本吸引精准的粉丝群体。线下推广的活动形式很简单，如扫码关注送小礼物，穿独特的卡通衣服吸引路人等。线下推广时，尽量选择商场、地铁站、高校食堂等人多的场所，同时一定要注意和对应场地的工作人员提前进行协商。

7.3

"懒人式"的抖音吸粉技巧

对于短视频账号而言，粉丝就是最大的价值，短视频市场已经摆明了"粉丝至上"的宗旨，所以，如何吸引更多的粉丝，提升账号的价值，就成了所有短视频账号最大的课题。吸引粉丝的技巧多种多样，最"懒"的方式不外乎是：人物式、图文式、对话式。

1. 人物式

人物式简单来说就是真人出镜，具体可以分为播主自己出镜，或者拍摄别的帅哥、美女，或者有特色的人物。而在目前的抖音算法机制中，真人出镜的表现形式，可以分到更多的流量，得到更多的曝光，能提高粉丝转化率。所以，高颜值播主持续出镜拍摄视频是吸引粉丝最简单的方式。

例如，抖音号"恋与白侍从"，该账号的短视频中总有两个及以上的高颜值男播主出镜，因此获取了非常多的流量，为该账号吸引了1800多万粉丝和超过2.7亿次点赞，该账号主页与单个视频获赞情况，如图7-5所示。

那么真人出镜要表演些什么呢？对于没有特长的播主来说，表演内容确实是一个很大的难题。但是实际上，这种形式并不要求播主拥有一定的特长，账号运营团队可以从文案方面下手，丰富视频的内容，打造播主独树一帜的人设。

图7-5

以抖音账号"66小姐姐的108个精分本尊"为例，该账号属于播主真人出镜，视频的文案内容大多是一些网络上比较流行的情感话题，并且结合了播主自己的理解。拍摄形式像是在和粉丝聊天，给粉丝很好的互动感，也很容易打动粉丝。该账号目前收获了200余万粉丝，点赞量接近1200万，如图7-6所示。

图7-6

2. 图文式

图文式就是将原始素材制作成带文字的图片或动图，然后将这些加了文字的图片上传抖音以后，就会自动生成视频格式分享给粉丝。当然，这是最为基础、便捷的图文视频制作方式。但必须承认，这类视频操作起来十分简单。例如，抖音账号"yuer图文"就是其中的典型代表，该账号发布的许多视频，都收获了上万点赞，如图7-7所示。

图7-7

在图7-7中，左图所示的短视频获赞超过3万，右图所示的短视频获赞超过16万，数据不可谓不好。但制作图文式的视频有一些操作要点需要注意：

- 精选图文与文字。播主要慎重对待该类短视频封面内容的图片和文字，因为它相当于文章的标题和主题，几乎直接决定了点击率的多少。

- 文字要简短精悍。如果视频上文字过多，用户根本来不及看完，那么就无法被内容所吸引，从而无法对播主产生关注的欲望。

- 图片数量要有控制。图片的数量尽量保持在6~7张左右，最多不超过9张，因为视频的时间有限，如果图片太多，视频就会将图片展示的速度加快。不利于用户阅读，如果只有6~7张图片，每张图片有一两句话，用户就能在15秒内得到最好的阅读体验。

3. 对话式

对话式是指将聊天记录截图制作成视频。对话式视频制作的操作非常简单，只要把收集好的素材整理成对话，利用两个社交账号互相聊天，并在聊天的过程中，用手机录屏工具将过程录制下来，或者使用截屏工具将聊天内容截屏保存，然后制作成视频，再上传到抖音即可。

　　例如，抖音号"小熊不见了"就是采用了这种对话式的表现形式。该账号中的视频有与男友的聊天，也有和朋友的日常对话，内容都十分甜蜜或有趣，情感渲染效果十分不错，如图7-8所示。

图7-8

　　在甄选素材内容时，播主要注意两点，第一是文案内容要自然，不要看起来就像故意设计的一样，这样显得太过拙劣，用户没有继续观看的欲望；第二是要控制截图内容的时长，尽量控制在9~15秒内，过长的文字型短视频，可能会使用户失去观看的耐心。

7.4

3大互动方法，增粉效果立竿见影

　　互动是抖音播主进行日常粉丝维护的方法之一，它不仅可以唤醒沉睡的粉丝，提高粉丝活跃度，还可以为账号吸引新的粉丝。基于抖音平台的社交属性，观众并不仅仅满足于浏览短视频，同时，他们也渴望与其他观众或播主进行对话。所以，新媒体团队不要放过与粉丝对话的机会，互动的增粉效果立竿见影。

1. 评论互动

在各类互动行为中，评论的价值最高。这是因为抖音的算法机制会将评论互动数据良好的视频推送给更多的观众，也因为播主的评论或回复评论能很好地活跃评论区，让粉丝拥有参与感，增加粉丝黏性，这样良好的互动氛围也吸引到新的观众成为粉丝。

播主可以通过两种方式来加强评论互动，以达到增加粉丝的目的，第一种是在视频中引导评论，或者在评论区留下置顶评论；第二种是回复用户的评论。两种互动方式的案例，如图7-9所示。

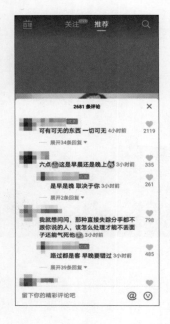

图7-9

播主可以在视频标题中、视频内的文案中，或者评论区的置顶评论中，向用户提问或者询问观众的看法，引导观众进行评论。如此一来，所有浏览该条视频的观众，不管是不是该账号的粉丝，只要有了评论的欲望，都可以在评论区进行留言。陌生观众在留言后，会有其他用户或者播主对其评论进行回复或点赞，在收到足够多的点赞，或者足够有趣的回应后，观众极有可能会在多次互动中，转化为账号的粉丝。

其次，播主可以在评论区回复观众的评论。无论抖音号处于何种阶段，都可以回复评论区点赞排名靠前的观众评论，或为其点赞，或者将其评论置顶。此种方式能直接激活评论的热情，并借此引发更大范围的互动。

2. 私信

每个抖音账号都有一批固定的"忠实粉丝"，这些粉丝与账号的互动频率很高，互动的内容也比较高。新媒体团队可以将其作为"重点培养对象"，增加关注度，与之互粉，与其进行长期互动，甚至私信沟通。

3. 视频内容

在视频中与观众进行互动是吸引观众成为粉丝最直接的方式。播主除了要用心产出优质视频之外，在真人出镜时，还可以通过丰富的表情与动作让人设变得更加生动，让观众对播主产生好感。同时，在语言上也要注意，始终记得将粉丝放在第一位，以表达对粉丝的真心，可以多说感谢粉丝的话，多谈谈自己的生活经历，将经验分享给粉丝，以建立良好的互动关系。

7.5

❀

粉丝不维护，流失没商量

尽管已经过了用户红利的阶段，但抖音平台巨大的流量，依然吸引着一批又一批的播主入驻。对于这些入驻的播主或者新媒体团队而言，如何做好粉丝维护，是抖音运营的必修课。把握好4大关键点，就能牢牢固定住粉丝数。

1. 高效互动

与粉丝进行互动，是播主重要的日常工作之一。互动的方法在前面内容中，已经详细阐述，播主可以在视频内容，以及评论区中与粉丝进行互动，维护好粉丝，增加粉丝的黏性。

2. 内容输出

粉丝关注账号的初衷，是喜爱账号发布的内容，并且希望往后能在账号中持续浏览到同样优质的视频。所以，账号吸引粉丝的核心是优质的视频内容。因此，想要保证粉丝不流失，就要持续输出优质内容，并且要做到稳定更新。

用优质的视频内容抓住粉丝的心，用固定的更新规律培养粉丝的观看习惯。久而久之，粉丝会固定在播主更新的时间段，打开抖音浏览账号的最新内容，并留下点赞或评论。如果新媒体团队能培养好粉丝的观看习惯，那么该账号就能融入了粉丝的生活，形成了高度的黏性。

3. 社群管理

当账号的粉丝达到一定数量时，新媒体团队可以选择社群管理的方式，对粉丝进行集中管理，例如，将粉丝都引流到微信，建立微信群进行管理。

当然，社群管理需要有一定的吸引力，才能吸引到粉丝。新媒体团队可以不定期地进行红包分享，或者播主的花絮放送等。重要的是借助社群与粉丝进一步交流，收集粉丝对账号的建议或意见，这样不仅可以为账号提供方向指导，也让粉丝得到足够的重视，拉近二者的距离。

4. 任务奖励

一个视频的火爆绝对少不了粉丝的功劳。聪明的运营者都会在视频中设置一些任务奖励。比如：点个心收藏知识点、点心评论告诉我你想知道的内容、下期视频告诉你等，久而久之，粉丝对视频点赞就像呼吸一样自然，点开你的视频就是一个赞。

> **知识加油站**
>
> 除了以上4个要点，新媒体团队还需要了解自家粉丝群体的用户画像。了解用户画像的意义在于，更加有针对性地发布吸引粉丝的内容，契合粉丝群体的价值观，提供粉丝真正需要的东西，即从内容输出上升到价值输出。
>
> 同时，针对不同粉丝群体的时间习惯，合理安排账号的更新时间。如果粉丝大多数是都市白领，那么账号可以选择在晚上8点~9点进行日更，因为这个时间段，部分粉丝已经下班，或者在下班回家的路上，其他仍在加班的粉丝，也许在这个时间段选择稍作休息，那么，账号更新的内容也能恰到好处地为粉丝提供心灵上的充电。

7.6

1个粉丝变100个！学会这招让粉丝爆炸式增长

对于运营卖货账号的新媒体团队来说，粉丝数量一定程度上决定着商品销量，而商品销量则决定新媒体团队盈利收入的高低。新媒体团队可以运用一个绝招，将已有粉丝群体中的忠实粉丝进行最大化的利用，在吸收新粉丝的同时，让商品的销量呈指数式增长，具体做法如图7-10所示。

图7-10

首先，在抖音账号的前期运营阶段中，播主需要维护好忠实粉丝，与其进行定期交流。到了合适的时机，可以向铁粉发出邀请，请铁粉帮忙建立一个超过100人的微信群，并表示完成后可以给予某款商品的免单优惠。需要注意的是，目标铁粉一定要是平时购买商品较多，并且十分热衷于与播主进行互动的粉丝，同时每一次最好只与几位铁粉进行沟通，不要同时沟通太多人。经过播主的沟通，大多数忠粉会接受免单优惠，或者要求播主在微信群中给予其微信好友一些优惠，这时播主可以视情况进行灵活调整。之后，播主可以在微信群中进行商品推广，这样发展出来的新铁粉，后期可以再进行同样的操作。

卖货结束后，播主可以在微信群中持续经营，与群成员经常交流，并在活跃的群中，举行限时秒杀等活动。这样一来，不仅粉丝数量会增长，同时订单也会源源不断。

7.7

终极吸粉绝招，让粉丝源源不断

最终极的吸粉绝招，是保持抖音号的生命力，这样才能让粉丝源源不断。抖音号的生命力，取决于视频内容的数量与质量，换言之，只有稳定、持续地输出高质量短视频的抖音号，才能在涨粉的道路上越走越远，越走越稳。为了做到这一点，新媒体团队可以从3个方面入手，提升账号的活力。

1. 建立自主知识体系

新媒体团队在抖音号的运营过程中，需要不断积累关于抖音运营的知识，这些知识包括抖音算法对哪些部分进行流量倾斜，抖音用户的浏览习惯，抖音号的视频发布技巧等。同时，这个知识体系还需要不断地更新，时刻察觉到短视频领域与抖音平台的新动向，才能用正确的理论指导实践，运营出更优质的抖音号。

2. 建立素材库

新媒体团队还应当建立一个专属的素材库，素材库中不仅要储存关于视频的各类创意，还可以存储与粉丝互动的回复模板，时刻保持与粉丝进行亲密、幽默的互动。

在视频创意素材方面，新媒体团队可以搜集电影、电视剧的经典剧情，搜集不同平台的搞笑段子，还有暖心或励志的小故事，甚至对身边的真人、真事进行记录，为视频策划带去源源不断的灵感。

3.4大技巧保持更新

保持更新有时并不需要多高深的创意点子，运用一些可行的小技巧，也能让持续更新变得简单，具体如下：

- 以简单为主，不要追求复杂。在创意策划与视频剪辑方面，可以尽量做到出现合理的亮点，而不是堆砌亮点。如果新媒体团队试图将过多的元素融入到一段短视频中，不仅费心费力，而且效果并不一定突出。

- 以时间为核心。短视频的特点是短，15秒的抖音视频时长就十分标准，如果内容过长，可以考虑打造成系列短视频。

- 深挖内容。账号要专注于自身所在的领域，深挖领域中的内容，让视频主题不跑偏，同时更有深度，更具专业性，保持足够的素材量。

- 精简话题。一个视频就一个主题，不要杂糅太多内容。体量过大的内容会拉长视频时长，还容易让观众失去观看完的耐心。

第**8**章

抖音平台推广与引流

新媒体团队在制作出优质的抖音视频后，下一步就是推广与引流，这部分工作的目的是将账号发布的短视频推广出去，让更多的用户看到，为短视频获取更多的流量，提升其播放量。而短视频的播放量与账号本身的权重、抖音平台的算法机制，以及新媒体团队的推广手段都有着密切的关系。新媒体团队要学会面面俱到，从多个方面下手，为账号聚集更多的流量。

8.1

了解视频权重与账号权重的作用

在新媒体领域中，平台中的不同账号，都有其不同的权重。视频权重可以简单理解为某个账号在该平台中所获得流量的百分比，权重越高，平台给账号的资源倾斜越多，账号就越热门；反之，账号能获得的流量就越少，也越无人问津。

有的播主会有这样的经历，在前期运营抖音号时十分顺利，播放量等数据一路飙升，也吸引了很多用户的关注，但是当某条短视频不小心违规，导致账号权重被降低后，再发布短视频，各项数据就出现断崖式的下跌。这就是账号被降权后的典型表现。所以，新媒体团队一定要全面了解权重的作用，才能保证在流量之战中获得胜利。抖音的账号权重一般有两大作用，如图8-1所示。

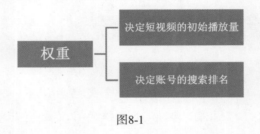

图8-1

1. 决定短视频的初始播放量

在抖音平台中，对于一个新账号而言，新发布的短视频正常的初始播放量为500～700次。但对于高权重的大V账号来说，即使发布短视频的质量、内容与新账号视频大致相同，初始播放量也会比新账号大得多，大约为10000次。

初始播放量大有什么好处呢？举例来说，某账号发布的短视频，在初始播放量只有200次时，即使标签非常精准，但是恰巧这200人都对这条短视频不感兴趣，没有点赞，那么该条短视频就无法得到继续推荐了。但如果初始播放量达到10000次，那么在观看短视频的这些用户中，总会有部分人对这条短视频感兴趣，并为之点赞。在点赞数和评论数多了以后，系统就会把这条短视频持续地推荐到更大的流量池，视频的数据就自然上升了。

2. 决定账号的搜索排名

账号的权重越高，在用户搜索与这一账号有关的昵称、话题时，账号与其视频的展示就越靠前。比如，一个美妆领域的高权重账号与一个新账号，同时发布了关于如何选购防晒霜的短视频，当用户搜索"如何选购防晒霜"时，搜索结果中，高权重账号发布的视频会排在更加靠前的位置。如此一来，用户点击并浏览从高权重账号发布的视频的概率就会更高，其曝光量和点击量相应也更容易得到提升。

8.2

提升权重让直播与短视频排名靠前

一个抖音账号发布的前5条短视频，决定了该账号的初始权重。系统会给新账号的前5条短视频以流量扶持，其中流量扶持最多的是第1条短视频。新账号发布的前几条视频播放量与账号权重的关系，如图8-2所示。

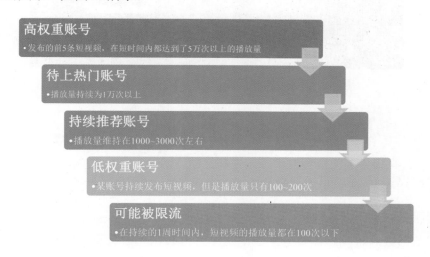

图8-2

如果播主新注册的账号十分幸运地成为高权重账号，那么用这个账号发布的视频就很容易上热门，账号的直播也会排名比较靠前。账号成为待上热门账号后，新媒体团队需要积极参与热门话题，使用热门音乐，与热门短视频合拍，以增加上热门的概率。如果账号成为持续推荐账号，则需要抓紧时间提高短视频质量，并进行比较合规范的直播，避免权重被降低。

8.3

抖音平台的推荐规则与算法机制

想要"玩转"抖音，必须掌握它的规则，才能顺应平台规则制作出高质量的短视频，并获取更高的流量。抖音平台的特点之一就是其推荐算法机制，新媒体团队想要短视频成为爆款，前提就是对抖音的推荐规则与算法机制烂熟于心。

1. 抖音平台的推荐机制

抖音的平台推荐规则是基于AI和短视频、直播内容而设定的，如图8-3所示。

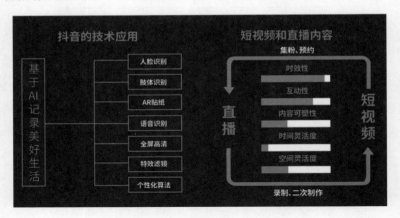

图8-3

图8-3中的左侧是抖音"AI基于记录美好生活"的算法，它的识别包括人脸识别、肢体识别、AR贴纸、语音识别、全屏高清，以及特效滤镜和一些个性化的算法。同时，在抖音的推荐算法中，直播界面的内容对于时效性和互动性的要求会比较高，内容可塑性、时间灵活度和空间灵活度的占比则是在短视频内容中占比较高。

2. 抖音平台的热门推荐机制

抖音的热门推荐机制、流量分配规则是"去中心化"的智能推荐、机器算法加上人工的双重审核。当账号发布了一个作品时，抖音会将这个短视频进行"初级推荐"，推荐给附近的人、账号的粉丝以及社交好友等。经过首轮的推荐之后，抖音会根据首轮用户的转发、评论、点赞以及完播率等数据进行判断，如果达到系统设定的标准，就会把该视频放入到下一轮的推荐池中，这就是抖音的"多级推荐"机制。而热门的推荐机制，则是在多级推荐之后，进行人工审核，如图8-4所示。

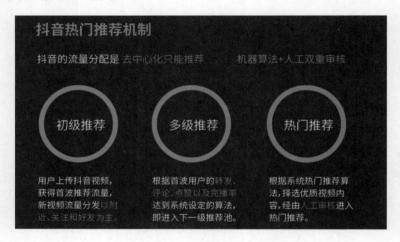

图8-4

总结来说，抖音的推荐机制是以"去中心化"为原则，以附近的人、粉丝、好友为基础，所以建议播主在发布短视频时，尽量到人多的地方进行发布。如果视频的初始播放量在500以下，基本上这段短视频就不会进入到下一步的推荐了。

3. 抖音的算法规则

抖音对于视频质量的判定分为两个部分，一部分是账号，另外一部分是互动。这两部分的具体判定指标，如图8-5所示。

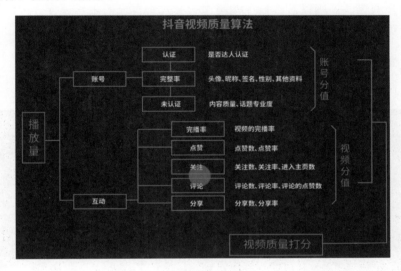

图8-5

抖音对于视频质量的算法判断，最后的表现形式是分值。账号的分值判定标准，包含账号的认证、完整率和未认证，具体如下：

- 认证账号：考核短视频是否进行了达人认证。
- 完整率：考核账号的头像、昵称、签名、性别以及其他资料是否完整。
- 未认证账号：考核短视频的内容质量、话题的专业度等。

对于视频部分的分值判定，包括整个视频在完播率、点赞、关注、评论和分享方面的数据，具体如下：

- 完播率：考核短视频完整播放的数据。
- 点赞：除了考核短视频的点赞数外，还会考核其点赞率，即点赞量与播放量之比。
- 关注：考核通过该视频进入账号主页的用户数量，以及这部分用户的关注数与关注率。
- 评论：包括整个视频的评论数、评论率以及评论的点赞数量。
- 分享：考核视频整体的分享数量和分享率。

其中，"点赞"是比较容易达到考核标准的数据，"关注"是可以对账号进行定位的考核数据，如：账号是为了哪部分用户而做的内容？用户为什么要关注这个账号？所以，当用户进入某个账号主页时，这一简单的动作背后暗含的是一个心理行为。用户之所以会产生观看某个账号主页的想法，一定是这个账号的内容对他来讲是有趣的、有价值的、有意义的。视频内容是否优质，视频涉及的话题是否有意思、有趣、好玩，是否有包袱，粉丝是否愿意互动，评论区都会体现出来。分享则可以精准定位到该条短视频转发给了哪个账号。

在知道抖音的算法规则以后，播主按照这一模式对自己的账号进行分析，大致估算账号的分值以及视频的分值，判断账号是否完整，互动数据是否合格等。

4. 抖音的审核机制

抖音的审核机制已经形成了一套完成的流程，可以用图8-6所示的流程图来表示。

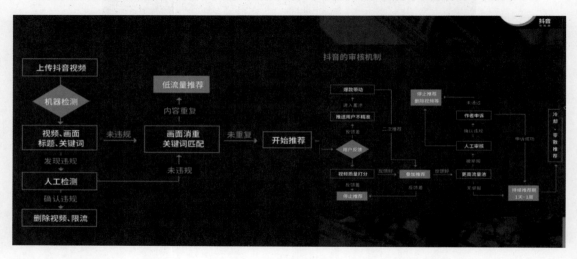

图8-6

上传到抖音的视频首先会进行一次机器检测，机器会通过视频的画面、标题以及关键词等检测视频是否违规。发现违规后，视频会进入到人工审核，如果在人工审核之后确认违规，该视频就会被严重限流甚至删除。如果不存在违规内容，系统就会对视频画面进行消重和关键词匹配，消重是指检查内容是否有重复，如果内容有重复，就会进入到低流量的推荐池中。如果视频并不存在重复内容，就正式会进入推荐环节。

如果通过了人工审核，表明该视频没有违规，并且视频中不存在重复内容，那么该视频就会进入下一步的推荐池中，抖音也正式开始推荐这段视频。

5. 抖音如何判断用户兴趣画像

抖音对用户兴趣画像的判断一共分为5个模块，分别是用户基础属性、观看兴趣画像、环境终端画像、互动行为画像和品牌自定义人群画像，如图8-7所示。

图8-7

- 用户基础属性：指用户的性别、年龄、地域和位置等基本信息，是用户兴趣画像中最基础、最容易获得的信息。

- 观看兴趣画像：第一是用户的浏览内容偏好。例如，用户对不同视频有不同的互动行为，用户为某段视频点赞，评论某段视频，对某段视频进行转发等；第二是用户对于不同行业的短视频，包括品牌广告的浏览偏好。例如，浏览汽车视频的用户，可定向为偏好浏览汽车相关内容的人群；第三，是用户对于各类型达人的偏好行为定向，这一环节可判断用户对于哪类领域更感兴趣。例如，浏览母婴类账号视频的用户，可定向为母婴偏好人群，美妆账号可定向为美妆偏好人群等。

- 环境终端画像：包括用户的网络环境画像，是移动网络还是WiFi；运营商画像，是移动、联通还是电信；设备品牌画像，不同品牌喜好不同；手机型号画像，例如高端机型或者通用机型等。环境终端画像的判定标准，可以有效地判断该账号是否是真人在使用。

- 互动行为画像：可以判断用户的线上互动行为，也可以追踪用户的线下互动，例如打卡地、话题挑战、线下出没的地址等，可以有效抓取用户的行为轨迹。

- 品牌自定义的人群画像：包括历史品牌广告中高互动的粉丝人群。可以根据品牌的核心画像人群特征，寻找相似人群进行推荐。这种用户画像的分析与推荐，与淘宝商品的前期推荐规则比较接近，值得品牌方参考。

知识加油站

新媒体团队可以通过研究抖音判定用户兴趣画像的几大标准，最大程度地模拟真人操作，来对账号进行正确的养号。

8.4

提高权重的8大妙招

权重对于短视频账号来说，有着无法替代的重要性，那么，新媒体团队应当如何提高账号的权重呢？可以从以下方面入手。

1. 打造"爆款"短视频

爆款视频是运营短视频账号的目标之一。从权重角度来说，做出"爆款"短视频，既能提高账号权重，又能为账号吸引更多的粉丝。爆款视频的打造技巧，新媒体团队应当烂熟于心，在打造爆款视频的同时，注意遵守平台的规则。

2. 使用热门音乐作为配乐

在抖音中，配乐是短视频的灵魂，系统如果发现某段配乐特别火爆，就会"锦上添花"，给予这段配乐的所有使用者流量上的扶持。

3. 使用热门话题

抖音官方会经常推出不同的话题，邀请达人或用户参与，来制造热度。比如在圣诞节、开学季、农历新年等时间，都会出现相应的热门话题。参与热门话题不仅可以增加短视频的推荐量，还能提升账号的权重。在短视频的发布页面，点击"#话题"，会出现账号近期使用过的话题，以及目前抖音中的热门话题，如图8-8所示。

图8-8

4. 使用最新的道具和贴纸

官方会根据不同的热点事件，例如世界杯、奥运会、植树节等，研发道具和贴纸。如果品牌方想做推广，那么官方也会为品牌方量身定制，主要以贴纸为主，然后制定相应的玩法。

5. 参加官方最新活动

参加官方举办的新活动，可以获得更多流量甚至权重扶持。例如，2018年11月的"119消防日"活动，按照抖音官方要求拍摄的短视频，全部都可以获得权重扶持。

6. 在短视频文案处@抖音小助手

抖音官方很少明确表示哪些方法可以增加流量和提高权重，但是@抖音小助手是其中之一。在长期的运营过程中，新媒体团队会发现，使用这个方法得到的流量变少、权重变低，可能是因为使用的人太多的缘故。但是对于刚进入抖音的新播主来说，一点权重的提升都是要争取的。

7. 多与粉丝互动

播主与粉丝多进行互动，比如回复评论、回复私信等，可以有效地吸引粉丝，并提高账号的权重。

8. 多使用抖音刷视频

抖音能识别账号是否在线。账号在抖音上停留的时间越长，与其他账号的互动越多，平台就越容易将账号判定为高价值账号，从而提升账号权重，并给予一定的流量扶持。

想要保证抖音账号的高权重，不仅需要持续产出优质视频，还要时刻留意平台活动，抓住每一个能提高账号权重的机会，将运营做到极致。

8.5

被平台降权后的补救方法

许多播主在已经将账号运营得比较成熟的情况下，突然遭遇降权，处境十分尴尬。因为在这个时候，如果直接放弃账号，前期的努力就完全付诸东流，非常可惜。但如果在账号低权重的情况下继续运营，是无法获得高流量的。那么，账号被平台降权以后，还有补救方法吗？答案是肯定的，播主如果想对账号进行补救，可以从以下3个方面入手。

1. 保持"一机一卡一账号"

某些新媒体团队存在同时运营好几个账号的情况，但是手机数量与账号数量并不匹配，

只能在同一部手机中来回切换多个账号。殊不知，抖音可以识别登录账号的手机型号，如此来回切换账号，很容易被系统检测到，并判定为营销号，这时，权重自然是不高的。如果新媒体团队想挽救低权重的账号，可以尝试一机一卡一账号，即一个账号对应一部手机，一个电话卡，并保持固定不变。

2. 用APP直接拍摄短视频

成熟的短视频团队一般都使用单反相机拍摄短视频，把短视频剪辑后再上传。这种方式能制作出高质量的短视频，但是对于系统来说，上传后发布的短视频，存在搬运及盗用他人短视频的可能，这是平台不希望看到的。所以，可以利用抖音官方曾出台的规定，通过抖音APP直接拍摄短视频以获得流量与权重扶持。

3. 学会"蹭热度"

热门配乐、热门话题是自带流量的。新媒体团队可以多使用热门音乐作为短视频配乐，多参与热门话题，为短视频获取更多流量，并争取得到权重扶持。

8.6

❀

用DOU+工具推广上热门

就像淘宝有直通车一样，抖音也开设了"DOU+"工具，专门为想要打造爆款短视频的新媒体团队，提供额外获取流量与推荐的机会。本节将讲解DOU+的基本投放方式、运用规则，以及使用DOU+工具将短视频推上热门的方法。

1. 新账号怎样投放DOU+

刚进入抖音的短视频账号，无法在短时间内获得极大的流量，这是十分正常的。所以，通过投放DOU+来刺激流量，是十分明智的选择。那么具体如何操作呢？只需要简单的4个步骤。

01 进入自己发布的、想要投放DOU+的短视频，❶ 点击画面右下角的三点；❷ 点击"上热门"按钮，如图8-9所示。

图8-9

02 ❶ 在"速推版"与"定向版"两种投放模式中选择一种；❷ 设置投放的各项相关数值；❸ 点击 "支付"按钮进行支付，如图8-10所示。注意：想要投放DOU+的账号，不能是私密账号。若之 前设置了私密账号，需要提前解除。

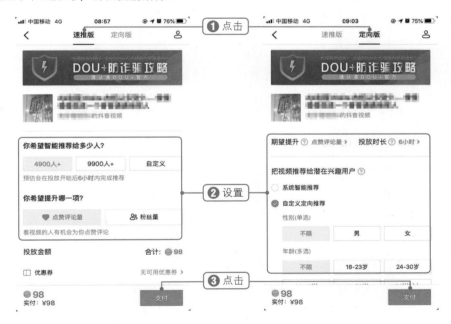

图8-10

03 支付成功，等待审核通过。

04 查看投放记录和投放效果。❶ 点击右下角的"我"；❷ 点击"更多功能"按钮；❸ 点击"上热 门"按钮进行查看，如图8-11所示。

图8-11

2. 如何使DOU+投放效果最大化

如果新媒体团队想要使DOU+的投放效果最大化，就需要解决两个问题：哪条短视频更适合投放DOU+？何时才是短视频的"黄金助燃期"？

第一个问题：何时投放DOU+？投放DOU+有一个基本原则，就是DOU+应当在视频发布初期投放，越往后效果越不明显。一旦错过了视频助燃黄金期，再怎么烧DOU+都无济于事。

通常情况下，运营者在视频发布后1~2小时内，用DOU+工具为短视频助力一下，为其火爆添一把干柴。

为何需要选在视频发布的1~2小时之后呢？这是由于新发布的视频，抖音本身就会给予一定的"流量红利"，在完全获得抖音给予的流量红利后再进行投放，就是为短视频进行"续力"。初期流量与"人为续力"结合起来，使流量达到最高峰。

同时，投放DOU+不宜一次投入过多，应当适量投放，之后再按照具体情况判断是否追加。比如，新账号的第1个视频首次投放可选择投入100元，时间选在上午10点左右，投放时长12小时；或选择下午5点左右，投放时长6小时。

在确定何时投放DOU+之后，第二个问题是，如何判断一条短视频是否值得投放DOU+。众所周知，决定一个短视频能否上热门的主要因素永远离不开4项基本数据：完播率、点赞率、转发率、评论率。那么这4项数据处于何种状态时，会显露出"爆款潜质"呢？可以从单条视频的以下4项基本数据出发进行判断：

- 完播率：尽量选择15~30秒内。
- 点赞率：一般点赞率达到5%~10%，就有爆款的潜力。
- 转发率：一般转发率在1%左右。
- 评论率：1%左右。

除了用数据指标作为判断标准外，视频内容是否优质也是判断的关键。由于抖音的叠加推荐机制，短视频会在一个流量池表现优秀之后，被放入推荐量更高的流量池。只有内容优质，才能避免短视频在向热门流量池进发的路上，出现"后继无力"的情况。越优质的短视频内容，应当是在越多人观看之后，产生越高的热度，因为优质内容能激起用户自发地点赞、传播。

新媒体团队还可以观察短视频是否表现出高涨粉、高互动。高涨粉是指在发布这条短视频后，粉丝量增幅较大；高互动则是指在视频发布后，评论量与转发量十分可观。具有这两种属性的短视频就具有"爆款潜质"。高涨粉、高互动类短视频的后台数据，如图8-12所示。

图8-12

3. DOU+审核不通过的原因

许多新媒体团队会遇见投放DOU+不成功的情况，即官方表示审核不通过，这是什么原因呢？通常情况下，DOU+审核不通过只有两种可能，一是视频原因，二是账号原因。

视频原因是指由于短视频的内容或其他方面出现了某些问题，导致审核机制认为视频涉嫌违规或质量低。可能出现的问题类型如表8-1所示。

表8-1

不合规的视频类型	问题描述
搬运/原创视频	含有其他平台水印、视频ID与上传ID不符、明显盗录内容
低质量视频	内容无故事性、完整度差、视频模糊
广告营销	明显的广告营销类型信息
隐性风险	出现标题党、危险动作、令人不适的元素等高危内容
未授权明星/影视/赛事类视频	视频内容是否涉及侵权

账号原因是指，如果发布短视频的账号，因为某些原因被限流，那么该账号发布的短视频就无法投放DOU+。如果想要解决这一问题，需要根据实际情况来操作。

在碰到视频无法通过DOU+投放审核的情况时，新媒体团队可以尝试对视频进行以下几项操作：

- 检查视频是否进行了搬运。
- 检测视频是否侵权某品牌以及人物肖像。
- 检查视频中添加的卖家产品是否出现异常。
- 检查视频文案是否含有极限词。
- 检查视频购物车商品标题是否违规。

此外，如果视频文案中出现一些虚假宣传的词汇、广告违禁词，以及功效性的词语，比如使用了最高级的、夸大性的词语，"神器""最强""最好"，以及"祛斑""减肥"等，都容易导致审核不通过。

如果是带货类短视频，在视频发布时，也要注意购物车的商品标题。"优惠券""买一送一"这种营销词汇最好用同音词代替或者适当舍弃，否则也会发生无法通过DOU+投放审核的情况。

8.7

4招提高短视频点赞比

点赞是关系到短视频是否能顺利进入下一个流量池的关键因素。在做好视频内容的基础上，如何让每一位观众看完留下一个"小心心"，是一个值得深入研究的问题。目前，新媒体团队可以通过4种方式可以提高短视频的点赞比。

1. 在结尾处创造"高潮点"

短视频需要引导观众的情感，让其随着进度条的延长不断攀升，在结尾处一次爆发出来，或者设置一个反转等。在正确的引导下，观众对于结局的情节设置会非常期待，在结尾时，如果达到了情感期待，自然就会留下"小心心"。

相反地，如果观众期待达到最高处，却发现得不到他们想要的，就会产生失落感。根据大数据统计，点赞的大多数用户都在接近短视频结尾处点赞的，所以新媒体团队一定要学会在结尾处安插剧情，或者反转桥段，创造一个"高潮点"，让观众主动为短视频点赞。以这条获赞超过6万的视频为例，如图8-13所示。

图8-13

该段视频剧情设计得十分巧妙。在视频开头,一位女员工接到猎头公司的电话,在被询问是否想要换一份工作时,女员工拒绝了。紧接着,电话那头的猎头问:"那你讨厌你的上司吗?把他联系方式给我,我把他挖走。"同时,视频画面上方出现字幕:当猎头打来电话时,不要着急挂断。不久后,女员工收到上级的通知:"这个部门以后归你管了,好好干。"这是暗示上司被猎头挖走了,而女员工因此得到了晋升。

视频时间不长,没有超过30秒,在观众能接受的时间范围内,"包袱"设计得也比较简单明了,剧情十分清晰,反转也来得很快。观众在短时间内达到了心理预期,自然会为这段视频点赞。

2. 让观众"承诺"看完,创造点赞机会

在抖音中,某些短视频虽然内容优质,但在时长上并不占优势。这意味着这段视频十分容易失去没有耐性看完整个视频的观众,也就失去了许多获得点赞与评论的机会。在这样的情况下,如果视频时长已经无法再做调整,那么新媒体团队可以尝试在视频文案中,向用户发出"请看到最后"的请求。

在新媒体团队发出请求的情况下,一些观众仍然会因为缺乏耐心,而将视频划走,但另一些不赶时间的观众会因为这一请求,而延长观看时间。这样一来,就提高了短视频的完播率,也为获赞创造了更多可能。

例如,在短视频标题文案中,直接挽留观众停下来观看。例如,某抖音短视频的视频文案就含有"请看到最后"这样的话语,如图8-14所示。

图8-14

在图8-14所示的短视频中，文案开头就请求观众看到最后，观众会产生联想：一定是视频最后有亮点。在视频中，一位小朋友想吹落蒲公英，但蒲公英却一直"纹丝不动"。小朋友十分着急，对着蒲公英尖叫了一声，但蒲公英依旧毫无反应。最后小朋友"忍无可忍"，直接将蒲公英含进了嘴里。视频中小朋友天真烂漫的行为，让人实在是忍俊不禁，结局也令人捧腹。目前这段视频已经获赞超过339万。

通常情况下，观众看到文案中的"请看到最后"，大部分都愿意"帮忙"，因为这句引导语相当于一个请求，看到的观众会产生一种应当帮助别人的心理。到了短视频的结尾，高潮情节出现后，满足了用户的心理预期，获赞就非常容易了。

3. 创造价值，不点赞就是错过

当短视频的内容，对于某些用户群体十分有价值时，部分用户的点赞不仅是对视频表示赞赏，也有带标记、收藏的意味。

现在抖音已经推出了"收藏"功能，方便用户收藏需要的内容，但收藏按钮并不如就在手边的点赞按钮来得方便。部分用户更偏向使用点赞功能，对优质内容进行点赞和收藏。能吸引用户因为害怕错失价值而点赞的内容，大多是实用的"干货"。例如，抖音号"超哥设计好房子"曾经发布的一条短视频，内容是如何合理运用15厘米的方寸之地，为新房增加更多方便，如图8-15所示。

在图8-15所示的短视频中，播主列举了新房装修预留15厘米的6种妙处，每一种都十分实用，能为新房的设计增添许多种可能。这条短视频对于刚买房的年轻人，或者正在为新房设计发愁的新婚夫妻，甚至是未来几年内有购房、装修计划的人来说，都是十分有价值的。由于抖音没有提供历史浏览记录，所以对于类似这样的干货内容，用户会点赞进行收藏，防止在可能用到这类知识的时候，无法在第一时间找到。

图8-15

4. 用文案、字幕、声音引导点赞

在抖音中，短视频以其优质、有价值的内容让用户点赞，用文案、字幕、声音引导用户点赞的案例也是不胜枚举的，我们以图8-16所示的短视频为例进行说明。

图8-16

在图8-16所示的短视频中，某地的马路中央，护栏因故倒塌，交警一个人很难将长长的护栏全部扶起。这时，一群身穿校服的学生，一个接一个地上来为交警叔叔帮忙，将长长的护栏

扶起。学生们的这一行为十分正能量，视频的标题文案只有简单的6个字，"给学生点赞"。这个标题不仅表达了播主对学生们行为的赞赏，也引导了用户为暖心的同学们留下一个赞。

8.8

4招提高短视频评论比

评论能体现该条短视频引发共鸣、关注与争论的程度。新媒体团队可以从提高评论比入手，延长视频的生命力。提高评论比的4个方法如图8-17所示。

图8-17

1. 增加视频内容的话题度

要想评论量高，那么短视频的话题选择十分重要。许多短视频虽然拥有非常高的点赞量，内容也十分有趣，但是能带起的话题与共鸣却不多，这样的短视频无法利用评论来维持火爆。所以，新媒体团队可以考虑从短视频的主题下手，拍摄能引起话题的短视频。在抖音中，某账号发布的一条短视频，旨在讨论理科生与文科生的区别，如图8-18所示。

图8-18

在图8-18所示的短视频中，左边的男演员代表理科生，右边的男演员代表文科生。理科生将荔枝完整放入水杯中，荔枝浮了起来，理科生问文科生：这代表了什么？文科生回答："它浮起来了"。之后文科生将荔枝的外皮剥掉，再放入水中，问理科生相同的问题，理科生回答说："因为荔枝的主要成分是糖水，比水密度大所以沉下去了呀"。文科生说："不，只要你没皮没脸的喜欢，你就能走进小姐姐的心"。

理科生与文科生的区别，一直是大家十分关注的话题，因为这涉及每个人的身份认同。在这条视频中，理科生的理性思维，与文科生的感性思维形成了强烈的对比，非常具有话题性，也在评论区引起了观众的热烈讨论。

2. 用文案引导评论

用文案引导评论，这是十分常见的提高评论比的方式。通常情况下，视频内容都是一些具有争议的情节，例如，抖音某个短视频记录了某地大货车在某大桥下一个弯道的转弯，并在视频文案中询问观众"大货车这样转弯对吗？"，如图8-19所示。

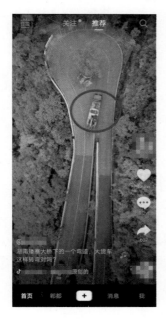 

图8-19

在该条短视频的评论区中，有许多观众质疑大货车这样转弯影响了其他车主的通行，也有观众赞同大货车的做法，还有一些观众则调侃大货车是模仿了某款开车游戏中的抄近道……观点不一而足，但的确有效地引起了观众们的评论。

3. 设置初始评论引导评论

在浏览短视频时，很容易发现：许多短视频的评论区中最靠前的评论是播主自己留下的。其实这是播主们常用的一种引导评论的方式，在发布短视频后，自己先进行评论，可能

是对短视频内容的补充，也可能是在内容的基础上，向用户提出新的问题。

这种方式是与观众互动的好方法，能有效拉近观众与播主的距离，让观众主动留下评论。在短视频发布的初期，评论数不可能瞬间猛涨。这时播主可以自己创作评论进行引导，甚至用小号评论、好友评论等方式在评论区活跃气氛，让观众更好地与播主进行互动。

4. 引发评论区的"竞争"

每条短视频都能体现出一定的价值观，大多数粉丝或者观众点赞、评论短视频，通常是因为他们认同短视频的观点，但是也会出现部分用户持反对观点的情况。

这并不是坏现象，价值观的冲突能让评论区更加活跃，持不同观点的观众们互相"抬杠"，该短视频的评论区就会非常热闹，也会引导更多的观众参与进来。

> **知识加油站**
>
> 有时，播主发布的视频在红火一段时间之后播放量逐渐走低，如果想要再次"炒热"这个视频，可以采取一个"笨办法"，就是用小号在评论区中的高赞评论下，回复持有相反观点的评论，通常能获得比较多的关注与回复。但是，如果在播主想要刺激流量时，不推荐优先使用这一办法。

8.9

数据分析与引流工作改进

数据分析是抖音运营中十分重要的一个环节，数据是短视频流量的直观体现。新媒体团队通过对账号后台数据进行统计分析，可以不断优化选题内容，提升粉丝黏性，增强自身竞争力。

> **知识加油站**
>
> 初始推荐量对于短视频后期的发展极为重要。当视频发布之后，平台会把视频分配到一个流量池，然后根据该视频在这个流量池的表现，决定要不要将这个视频推荐给更多的用户观看，在短视频初次推广时给予的推荐量就是初始推荐量。在这个规则下，不论是新号还是大V，只要能够产出优质内容，就有机会成为爆款视频。
>
> 通常情况下，在短视频发布后的一小时内，平台会根据视频的播放量、完播率、点赞数、评论数等数据来判断该视频是否受欢迎，从而决定是否继续推荐这个视频。如果视频第一次或者某一次转播的效果不好，没能进入更大的流量池，平台就不会继续推荐该视频，这个视频的数据也就很难提高，所以视频发布后的初始推荐量非常重要。

1. 分析相关短视频数据

新媒体团队要学会分析与自身账号相关的短视频数据，包括与账号领域相同、题材相近的短视频数据，以及分析同领域中爆款短视频的数据。

第一，分析相近题材短视频的数据

在账号运营到达比较成熟的阶段后，需要学会分析、评估与自身账号具有类似风格与定位的播主的数据。这项工作可以借助各种数据平台来进行，例如，飞瓜数据、卡思数据等平台。

分析与自身账号类似定位的短视频，首先应该从对方的用户画像入手，分析对方粉丝的性别、年龄、地域、甚至星座等数据。其次，分析相近题材短视频在平台中的受欢迎程度，具体为受众人群的基数，以及同领域排名较高的账号的各项数据，例如：粉丝数、点赞量、评论量等。新媒体团队应当通过各种数据整合，绘制出条形图或折线图，将自身短视频数据与热门短视频进行对比，分析在题材相近的情况下，为什么对方的短视频成为爆款，由此学习对方的长处。

第二，分析爆款短视频的数据

爆款视频的数据向来非常具有参考价值，它是同领域或同行业的标杆与榜样。爆款短视频的各项数据维度，一般都会比普通短视频要强上许多，这些数据包括视频播放量、点赞量/率、分享/转发量、评论量/率、收藏量/率、完播率、涨粉量等。新媒体团队可通过数据平台或者视频平台获得当天或当月的爆款短视频名单及其数据，而后进行相关分析。

为什么短视频能够成为爆款？除了好的策划之外，引起共鸣的内容同样至关重要。如果同领域的短视频遥遥领先，其原因可能是多方面的，有可能是竞争对手创作了一个新类型的短视频，从而吸引了更多人关注。这种情况对于新媒体团队来说，是一个很好的学习机会以及发展机遇，新媒体团队可以采取跟进的策略，学习对方的制作经验，改良或优化出新的视频形式。

2. 根据数据差异改进引流工作

短视频上线后的引流工作是多方面的。在抖音中，播主发布热点相关的内容、参与平台活动、在评论区与用户互动、在用户使用抖音的高峰时间发布短视频，这些都是引流，就连拟定吸引观众眼球的标题与定位用户群体，也都是引流工作的一部分。新媒体团队不断创作出优质的短视频，更是引流工作的核心。由此看来，数据对于引流工作的指导作用也是全方位的，具体说明如下。

第一，用数据指导互动引流

抖音账号发布热点内容，参与平台引流活动，与用户在评论区或者文案中进行互动，都可认为是互动引流，区别在于前者是与平台进行互动，后者是与用户进行互动。对于新媒体团队而言，这些互动工作本身就是日常运营中必不可少的环节。但是，一些细小的数据差

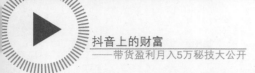

异，对于账号与平台、用户的互动，同样具有不可替代的指导意义。

以发布热点相关的短视频为例。在抖音平台中，每天都有不同的热点，但由于短视频的制作需要一定的周期，并且抖音账号需要保持内容的垂直性，新媒体团队只能选择某段时间，与账号领域相符的热点进行内容制作。对于不同的热点，新媒体团队会有不同的策划创意。如何在保证热点够"热"的情况下，达到热度与优质短视频创意的平衡，做出最优选择，则非常考验新媒体团队的能力。

用户对于热点的喜好不尽相同，同样是关于热点的短视频，形式是吐槽评论，还是剧情演绎，给用户带来的观感体验不同，数据自然也会有不同。但这就需要新媒体团队从评论量、转发量与点赞量等数据，以及评论内容来进行判断了。

第二，用数据来指导发布时间

每个平台都会有自己的流量高峰时间，怎样在流量高峰时间段内，让自己的视频获得更好的曝光量，在开始运营账号时就会意识到，一开始我们就会用人工的方式尝试记录一些数据。

比如今日头条，我们尝试过在各个时间段发布内容，看一下哪些时间段获得的推荐量和播放量比较高。像腾讯、爱奇艺这样的平台，我们会事先观察平台的数据增长曲线，比如像腾讯这样的平台，可能刚发布时并不能马上获得较高的播放量，这样的平台一周下来才能看到它的数据增长情况。和推荐平台的数据刚好相反，推荐平台的数据增长量大概是在24小时之内，过了这个时间点，数据量不会有明显再增长。而在媒体平台上，某些很早的视频可能在某一个时间点，会突然发生继续增长的现象。

第三，用数据来指导视频内容

抖音作为一个完全以用户喜好为原则的推荐平台，身在其中的新媒体团队利用数据来指导内容策划是非常行之有效的。新媒体团队可以通过分析短视频的基本数据，以及发布某条短视频期间的涨粉量等，来判断用户对短视频的哪些题材类型和细节更加偏爱，短视频中的细节包括：播主或演员的妆容造型、演员的表演亮点、短视频的剪辑方式等。

通过数据来一次次优化短视频内容，视频内容一定会越来越受到用户群体的喜欢，他们也因此会进行相应的互动。

当然，对于自身短视频数据的研究，不能以所有发布的短视频作为研究对象。在此，建议新媒体团队以周或以月为时间段，将短视频数据导出来，进行仔细分析。例如，一周或一个月内，哪些视频的收藏数高、哪些转发量高、哪些评论量高。然后对排在前10位的视频进行分析，这些收藏量高、转发量高、评论量高的短视频分别都有什么特点。以生活类短视频为例，分析高收藏量、高转发量、高评论量这三类短视频的各自特点，如图8-20所示。

高收藏量短视频

- 实用技能非常多，例如，以"10个苹果手机的隐藏功能"为标题的短视频，介绍了10个苹果手机的隐藏技能，数量非常多
- 视频内容较为复杂，需要慢慢学习。例如，以"电脑快捷键组合大全"为题的短视频，因为快捷键组合比较多，也比较复杂，用户观看一遍是记不住的，所以只能先收藏
- 内容很实用、充实，且节奏比较快，但目前用户用不到。例如，以"不知道会吃大亏的装修小技巧"为题的短视频，装修是大多数年轻用户都需要经历的一件事，不管是为新房装修还是为旧房翻新。对于十分实用的装修知识，用户会选择收藏备用

高转发量短视频

- 内容非常实用，用户以分享为目的进行转发，甚至是有关于安全的一些短视频，用户会自发地发送给家人或朋友
- 内容非常酷炫，用户以分享热闹为目的进行转发
- 内容与热点相关，带有热点的短视频十分容易引起用户的转发

高评论量短视频

- 内容与热点相关，用户对于热点有自己的见解，短视频的评论区恰好给予了用户们一个发表意见的场所
- 内容用户参与性强、有共鸣，例如，关于在专柜买化妆品，某品牌柜姐提供的服务不周到，就是大多数女性用户的共同经历，这类短视频能引起许多女性的共鸣，进而在评论区进行分享
- 内容具有争议性，例如，关于父母对孩子教育方式的视频内容，评论区一般都非常热闹，因为父母们对于孩子的教育理念与方式是不同的，每个人都有自己的观点，都能在评论区各抒己见

图8-20

8.10

微博推广

截至2020年3月底，微博月活跃用户达5.5亿，日活跃用户达2.41亿，与去年同期相比分别增长8500万和3800万。微博PC端与APP端的用户年龄分布情况，如图8-21所示。

微博用户 PC 端&App 端年龄分布情况

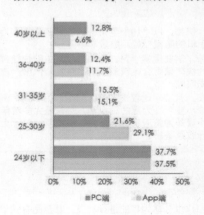

图8-21

在图8-21中，可以很明显地看出，微博的主要群体为年龄在30岁以下的用户，这一点与抖音的用户群体几乎是重合的。基于二者相同的用户群体，在微博上为抖音引流，只要用对方法，就能达到非常显著的效果。

在微博平台中，新媒体团队需要利用微博的"@"功能与热门话题功能，来为抖音短视频引流、推广。

首先，"@"功能在微博引流工作中运用得非常频繁。在发布博文时，播主可以通过@明星、媒体、企业等，将这些自带流量的关键词纳入到自己的博文中，为发布的微博内容吸引流量。如果媒体或名人回复了播主发布的内容，播主就能借助回复者庞大的粉丝群体，扩大自身的影响力。例如，"新浪娱乐"曾在博文中@"某明星"，如图8-22所示。

图8-22

在图8-21中可以看到，该条微博浏览量超过610万，转发3577次，拥有8450条评论，获赞17.4万。被@的明星本人也评论了该条微博，且其评论获赞3.3万。可见，如果明星在某篇博文下方进行评论，那么其粉丝也会被引至这条微博。如果微博内容十分出彩，账号则会收到很多粉丝及其他微博用户的关注，发布的短视频也就十分容易推广出去。

除了@功能，微博的"热门话题"，也是一个制造热点的地方。在发布博文时，发送页面的下方有一个"#"符号，点击进入后，页面会显示用户最近使用过的话题、时下的热门话题，以及其他不同的话题分类，如"美食""时尚美妆""动漫"等，用户也可以在页面上方的搜索框中，运用关键词搜寻自己想要参与的热门话题。在找到合适的热门话题后，点击话题，即可将该话题插入即将发送的微博中，如此一来，在用户搜索这一话题时，该微博也会在页面中显示出来，如图8-23所示。

图8-23

热门话题可以大大地提高微博的曝光率，播主要利用好相关热门话题，推广自己的短视频，同时发表自己的看法和感想，从而提高阅读量和浏览量，为短视频账号引来更多流量。某播主利用热门话题，发布带有短视频的微博，如图8-24所示。

图8-24

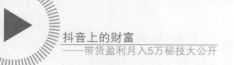

该播主利用"#高考期间最让你感动的事#"这一热门话题，发布了一段高中课堂偶然录下的短视频，让查看该热门话题的用户，都能看到自己发送的这条微博，不仅增加了该条微博以及自身微博号的流量，还为该条微博中透露出的自身短视频账号做了引流。

8.11

微信推广

微信是当今大众使用频率非常高的一款通信APP，所以，在微信中也可以为抖音推广引流。在微信中进行推广引流，可以通过3个渠道：微信群、微信朋友圈以及公众号。

微信群是一个非常隐私的联络群组，群成员之间一般以家人或者同事的关系相互联系起来，这也意味着微信群的联系比较紧密，在微信群进行短视频推广，能比较快地得到回应，因为群成员之间彼此的深厚关系，推广引流效果也会比较好。

微信朋友圈与其他社交平台最大的不同是，它是一个相对封闭的社交环境，用户能在这里刷到的大多都是自己熟悉的人的动态，所以也会更重视这些人发布的信息，这是朋友圈相较于其他平台的优势，如图8-25所示。

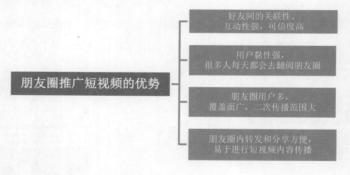

图8-25

根据微信朋友圈的特性，新媒体团队在朋友圈中进行短视频推广，应该注意以下3方面的内容：

● 注意开始拍摄时画面的美观性。因为推送到朋友圈的视频是不能自主设置封面，它显示的就是开始拍摄时的画面，所以新媒体团队可以通过剪辑视频来保证推送视频"封面"的美观度。

● 做好文字描述。一般来说，发布在朋友圈中的短视频，好友对其"第一印象"都来源于短视频的封面。因此，在朋友圈短视频的开头，播主应当想办法把重要信息放上去。这样做，一来有助于大家了解短视频的内容，二来可以利用具有吸引力的文字，促使好友点击视频播放，甚至进行转发传播。

- 利用好朋友圈评论功能。朋友圈中的文本字数如果太多，会被折叠起来，为了完整展示信息，播主可以将重要信息放在评论里进行展示，这样就会让浏览朋友圈的好友看到更多的文本信息，也有利于短视频的推广。

知识加油站

在微信朋友圈中，播主如果想要设置出让好友"一目了然"的视频主题，可以在视频片头加上一个专门的封面，并在封面上添加字幕，直接表达该视频的主题。

微信公众号是个人、企业等主体进行信息发布，并通过运营来提升知名度和品牌形象的平台。播主如果要选择一个用户基数大的平台来推广短视频内容，且希望通过长期的内容积累来构建属于自己的品牌，那么微信公众号平台是一个很好的选择。

在微信公众号上，播主可以采用不同的形式进行短视频推广，其中使用最多的形式有两种："标题+短视频"和"标题+文本+短视频"。这两种形式都有利于所推广内容的传播。

如果微信公众号在打造相同主题的系列短视频，可以把视频组合在一篇文章中联合推广，这样有助于受众了解短视频及其推广的主题。

8.12

其他推广渠道

除了在微博与微信中进行抖音短视频的推广，QQ、今日头条、贴吧、论坛，也是可选择的推广渠道。事实上，只要是用户群体大致相同的社交平台，都能作为抖音短视频的推广、引流平台。

QQ空间就是一个推广短视频的好地方。在对视频进行推广时，播主应该先建立一个昵称与抖音账号相同的QQ号，这样能让用户更直观地认识到，该账号就是抖音播主在另一个渠道开设的账号，这样有利于积攒人气，吸引更多用户前来关注。7种常见的QQ空间推广短视频的方法，如图8-26所示。

以今日头条为主的咨询平台，也是抖音短视频推广的福地。尤其是今日头条与抖音同属字节跳动，二者之间的流量互通本就是母公司所喜闻乐见的。资讯平台上的短视频，依靠其传播迅速这一特点，可以带动庞大的流量，在短时间内，将短视频推广给更多的用户。抖音播主在今日头条上可以从3方面入手对短视频进行推广引流。

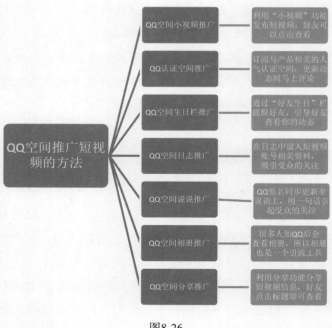

图8-26

1.利用热点和关键词提升推荐量

今日头条的推荐量与抖音一样，是由智能推荐机制决定的。通常情况下，含有热点的内容会优先获得推荐，同时，视频内容所含热点的时效性越高，其推荐量也就越高。因此，新媒体团队在拟定今日头条平台中的推广内容时，要善于利用平台上的热点与关键词，从平台的角度来提高短视频的推荐量，具体如下：

- 热点。今日头条上的热点每天都会进行更新，播主在发布短视频之前，应当提前查看平台的热点，然后找出与要上传的短视频相关联的热点，根据挑选的热点来拟定视频标题。
- 关键词。关键词与热点词相比，持久性更强。新媒体团队可以在短视频标题中，加入与视频内容相符的关键词，从而提升短视频的推荐量。

2.做有品质的标题

今日头条的标题是影响短视频推荐量和播放量的一个重要因素。一个吸引眼球的标题具有意想不到的引流效果，今日头条中有很多"博眼球"的标题，但在新媒体团队拟定标题时，要记住：标题除了要吸引眼球，还要表现出十足的品质感。此外，播主在平台规范内推广视频时，还要留心观察平台上播放量居高不下的短视频的标题，这样才能慢慢学会创作出更优质的标题。

在今日头条APP中，首页分类中就有"小视频"这一栏目，排在该页面最上方的短视频，都是当前播放量与点赞量非常不错的短视频。如果将今日头条作为主要的推广引流平台，那么播主应多观察、分析，总结出这一平台用户喜欢的短视频标题的规律，根据总结出来的规律撰写要推广的短视频标题。今日头条的短视频页面，如图8-27所示。

图8-27

3.严格把关视频内容，以便快速通过审核

在短视频方面，今日头条的视频发布由机器和人工共同审核。待发布的短视频首先通过系统对内容进行关键词搜索审核，确定有无不符合规范的关键词。其次，再由平台编辑进行人工审核，判断短视频内容是否有违规之处，确定短视频值得被推荐才能通过审核。审核通过后，系统会进行智能分发，把短视频推荐给可能感兴趣的用户，进行初始流量判断。如果点击率高，那么将进一步扩大范围，把短视频推荐给更多兴趣相似的用户。

另外，因为短视频内容的初次审核由机器执行。因此，播主在用热点或关键词取标题时，尽量不要用语意不明的网络用语或非常规用语，以避免机器不理解而通不过初审。

在社交软件还未普及之前，贴吧与论坛一直是社交平台中的主流，虽然后期出现了许多新型的社交平台，让这两大平台的热度有所下降，但它们依旧聚集着大量的流量。在贴吧或论坛上为抖音短视频进行推广引流，需要注意以下3点。

1.选中合适的贴吧/论坛主题

贴吧或论坛以喜好标签进行分类，所以不同类型的抖音账号，一定要匹配不同的贴吧或者论坛，瞄准用户群体。例如，百度贴吧中会有许多不同类型的贴吧分类，以娱乐明星这个大类为例，在这项大分类下，还有更细化的分类，如港台东南亚明星、内地明星、韩国明星等，最后到某某明星吧这种具体的分类。百度贴吧的详细分类，如图8-28所示。

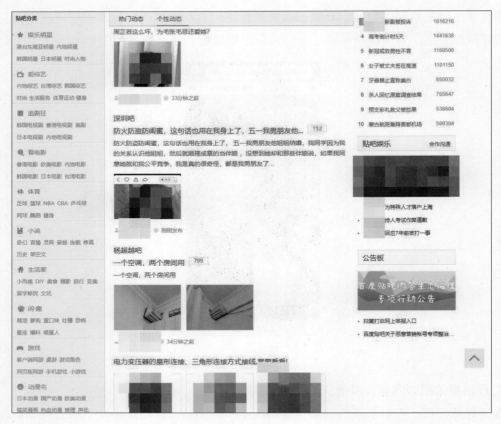

图8-28

2. 多个账号营造热度

如果不是精准地对某个贴吧或论坛中的用户喜好、热点进行捕捉，那么主账号是难以做到"一炮而红"的。贴吧或论坛的账号需要新媒体团队持续经营，同时，注册多个账号进行运营，主账号发帖，其余小号跟帖，为主账号营造热度，尽量保持帖子不"沉下去"，这样才有机会被更多用户浏览，引发更高的热度。一般建议新媒体团队注册3个以上的账号来共同进行推广引流工作。

3. 养成高级账号

新媒体团队在注册好贴吧或论坛的账号之后，也需要进行"养号"。在养号阶段，新媒体团队需要操控账号多参与热门帖子的讨论，至少与活跃用户"混个脸熟"，建立"亲密度"，才好进行接下来的引流工作。

初级阶段完毕后，就需要着手培养高级账号了。对于热门论坛，新媒体团队可以使用账号与论坛成员慢慢建立互动关系，提高账号知名度、美誉度、权威性，最终目的是使该账号成为该社区的舆论领袖，从而让发布的内容更具说服力。具体如何晋升账号等级，可以查看特定论坛或贴吧中的账号升级指南。

第 9 章

搭建抖音矩阵

身在抖音中的播主们都知道要将流量牢牢地把握在自己手中。时至今日，仅靠一个抖音号去单打独斗已经略显势单力薄了，许多新媒体团队会选择开设多个抖音账号，建立团队战斗式的抖音账号矩阵，以达到引流增粉的目的。在这个账号矩阵中，不同的账号的定位与内容塑造也不同，账号们各司其职，面对需要为短视频造势、助力热点等重要时刻，互相合作，形成传播合力。新媒体团队需要学会搭建抖音矩阵，才能在账号发展的成熟期为账号引入更多的流量。

9.1

什么是抖音矩阵

抖音矩阵相当于某个品牌或个人，通过一组抖音账号来实现360度的品牌、个人展现。换一种说法就是通过抖音，建立一个链式传播组合，将同一品牌下、关注不同账号的粉丝流量，通过矩阵式账号互相引流，在主账号下形成粉丝流量的内部引流，避免粉丝流失，提升粉丝量，扩大账号影响力的一种方式与手段。抖音矩阵是现在抖音运营中的一种"高级玩法"，也是一种转化率比较高的增粉方式。

举例来说，抖音号"金刚爸""可爱的金刚嫂""天津金刚姐""天津一家人"这4个账号，就形成了一个典型的抖音矩阵，属于抖音矩阵中的家庭矩阵，如图9-1所示。

图9-1

除了家庭矩阵外，抖音矩阵类型还有MCN矩阵（独立账号的相互客串）、团队矩阵（打造系列账号），以及个人矩阵（爆款IP再细分内容）等多种类型的矩阵。

有人认为，抖音矩阵就是简单的多个账号的意思，实际上这两者有本质的区别。因为抖音矩阵是通过大号带小号的方式，通过横向的抖音运营策划来打通粉丝。而简单的多个账号，并没有在账号与账号之间建立起联系、共同经营，这是区别于抖音矩阵的最大不同。

9.2

抖音矩阵的作用（多角度展现品牌信息）

抖音矩阵账号的好处很多，"链式传播"带来的流量效应是无法预估的，有时可能会使流量集中到一个账号，促使它的爆红，也有可能使矩阵里的账号形成连锁反应，将矩阵中所有的账号都捧为爆款账号。概括来说，抖音矩阵的作用具体包括5个方面。

1. 降低运营风险

通过构建抖音矩阵，能够降低账号运营风险。抖音矩阵需要同时操作多个账号，当其中一个账号因为某些原因而被判定违规，遭遇降权、封号处理，或者因为某些原因，流量一直上不去的时候，这时由于还存在其他矩阵账号，所以也不用太担心粉丝的流失。

2. 获得更多的垂直流量

抖音矩阵中同一个账号的内容、风格是相同的，吸引的粉丝都是十分精准的垂直粉丝，带来的流量都是垂直流量，对于单个账号的运营来说十分有利。

3. 打造多元化

抖音矩阵通过不同账号进行运营时，大方向是统一的，但是每个账号的视频内容却有所不同，每个账号制作内容时采取的角度、思路和模式都不一样。

这种模式可以全面网罗粉丝，因为人与人之间不一样，喜欢的内容风格也不一样，不同风格的账号可以收获不同的粉丝，换句话说就是把对这一块内容感兴趣的、不同类型的人都"一网打尽"。

例如，抖音号"时间管理司马腾"与"时间管理腾哥"，这组矩阵账号虽然都是在讲时间管理，可是每个账号发布的内容方向是不一样的。其中一个账号发布的短视频多为纯干货讲解，有时候会采用一问一答的模式。而另一个账号发布的是自己一天的时间安排，也可能出现小剧情的内容，如图9-2所示。

同时，当一个账号遇到瓶颈期的时候，其他账号可以继续运行，及时调整账号的方向，自我突破账号的瓶颈期。

图9-2

4. 成本分摊

在抖音矩阵中，账号发布的短视频虽然不同，但却可以同时进行拍摄，播主与演员不需要更换，拍摄环境也只需要做小小的调整。一次拍摄的成本，分流到多个账号，单个视频成本也就降低了，但是收获的流量却是单个账号运营的好几倍。

5. 与自己竞争

抖音矩阵账号可以看作是同一内容多种不同形式的展现，即使播主不进行其他形式的展示，同行也会去抢占这部分红利。矩阵账号之间联系紧密，互相带动流量，矩阵中的账号只要有一两个号做起来了，通过互推，也可以将其他账号的流量和人气带起来。所以新媒体团队进行矩阵运营，实际上是在不断地与自己竞争，先用大号带小号，在小号流量起来之后，再转换角色，甚至在小号的粉丝超过大号之后，再回过头来带动大号的流量。

9.3

独立账号的互相客串

多个独立账号互相客串是最常见的一种矩阵玩法。一般来说，这些独立账号都属于同一个MCN公司。

以抖音号"仙女酵母"为例，这个账号曾经在一个月内粉丝增长量达80余万，目前账号获赞1.8亿,粉丝超过1530万。"仙女酵母"的人设是"接听三界电话的仙女",镜头里的"仙女"总是顶着一头精致的卷发,穿着复古宫廷风的长裙,带各种华丽的帽饰,用一只复古的电话接听着人间粉丝们的来电,为粉丝们答疑解惑,如图9-3所示。

图9-3

在"仙女酵母"的火爆视频中,时常会出现同一MCN旗下的其他账号,例如,以用书本解答问题的吸血鬼伯爵为人设的"猫舌张",以日常和魔镜对话的女王为人设的"Yuko和魔镜"等,如图9-4所示。

图9-4

这些账号拥有相似的魔幻画风和设定，通过这种不定期的互相客串，讲述了她们之间塑料姐妹花的故事。在互动的过程中，粉丝基数更大的账号"仙女酵母"，能起到为其他两个账号导流的作用，由此形成内容矩阵。

再如视玩佳旗下的抖音账号"玩车女神""懂车侦探""车界女侦探"，也是相同类型的矩阵账号，虽然没有进行过互相的出镜客串，但也经常在文案中互相@其他账号，进行引流，如图9-5所示。

图9-5

想要打造这样的账号矩阵，可以在同一内容下使用不同的细分策略，每个账号选择不同的细分领域。这样既可以在擅长的领域中进行创作，也便于不同的账号之间互相引流，而且因为细分领域不同、账号风格不同，不会对同一类型的粉丝产生竞争。

9.4

打造系列账号

除了不同账号间的客串助力，打造画风一致的系列账号也是一种搭建抖音矩阵的方式，这种矩阵被称为团队矩阵。

比如，比较典型的矩阵团队是文弘音乐。文弘音乐旗下一共有18个抖音号，所有账号发布的短视频都保持一致的画风，用深色背景配同款立麦，歌手在画面中央演唱歌曲。但所有的账号名称的后缀都统一标注"（文弘音乐）"字样，如图9-6所示。

图9-6

除了旗下风格各异的达人，他们还有一个官方账号"文弘音乐"，目前粉丝有600多万。这个账号中，很多视频都是以4宫格的形式展现的，内容是由4位风格迥异的文弘音乐旗下的抖音达人演唱同一首歌曲，通过剪辑拼接到一起，呈现出对同一首歌的不同演唱方式，在推广了4位音乐人的同时，也为自己获得了流量，如图9-7所示。

图9-7

由于文弘音乐旗下歌手风格不同，但对外呈现的方式一致，所以用户在刷到一个视频后，可能会按图索骥，找到其他自己感兴趣的账号（可以通过相似的名称搜索，也可以通过其他歌手在评论区的留言）。这样的矩阵运营可以极大地提升品牌在平台上的曝光率，公司品牌借此在旗下的每个抖音账号中都刷到了存在感。

想要打造这样的矩阵账号，需要同一个团队，团队成员可以有不同的风格、不同的性格，但是要有一样的团队特征，这样便于让用户"顺藤摸瓜"，找到团队中不同的账号。

9.5

打造家庭矩阵

家庭矩阵大概是最自然的矩阵形式，它是建立在父子、母子、兄弟姐妹等亲属关系基础上的多个账号，可以形成亲情矩阵。例如，抖音账号"UVN娜娜"和"余姚贤弟Justin"是一对母子，二人在抖音上分享日常生活，并进行一些服装展示，通过这种方式一边打造IP，一边带货。"萌娃"+"美妈"的组合为他们赢得了250多万粉丝和2300多万点赞，如图9-8所示。

图9-8

类似的矩阵玩法还有抖音号"祝晓晗"和"老丈人说车"，"祝晓晗"的视频内容背景设置为家庭场景，常以父女之间发生的各种搞笑故事为主要内容。不过不同于"UVN娜娜"与"余姚贤弟Justin"，在"祝晓晗"的每一条视频文案中，都会@"老丈人说车"，后者的视频内容主要讲述蠢萌女儿祝晓晗和老爸的学车故事。同时，在"老丈人说车"的文案中也会@"祝晓晗"，如图9-9所示。

图9-9

想要打造这样的矩阵账号，内容上不需要有太大的关联，但是需要给不同账号设置有家庭关系的人设，可以是姥姥和孙子、父亲和孩子、母亲和孩子等有"辈分"的亲属关系，也可以是夫妻或兄弟姐妹等"平辈"的关系，再用不同的人设进行账号互动就可以了。

9.6

爆款IP再细分内容

在账号发展日趋成熟时，许多账号会尝试建立内容更细分的相关矩阵账号，并通过在签名区或评论区@小号的方式为矩阵造势，尤其是个人属性较强的账号。

抖音号"柚子cici酱""柚子吃了吗"以及"柚子买了吗"就是一个典型的例子，这3个账号出自同一个IP，但账号类型完全不同。"柚子cici酱"是剧情类美妆账号，播主更多的是剧情演绎，例如，为闺蜜打抱不平等；"柚子吃了吗"属于美食探店类，账号主要记录播主去各个地方品尝美食；"柚子买了吗"是在线种草账号，专门为女性用户推荐各种美妆产品。

"柚子"作为抖音中比较知名的个人IP，矩阵中的每个账号都有自己的垂直细分领域。同时，为了方便粉丝关注矩阵内的其他小号，主账号"柚子cici酱"的关注里只留矩阵账

号，小号也会在个人签名中标注"大号在关注里"，如图9-10所示。

图9-10

想要搭建这样的矩阵账号，首先需要建立一个IP，可以是人物，也可以是物品，再通过这个IP建立不同的细分账号，将IP的作用发挥到最大。

9.7

矩阵账号的引流方式

矩阵账号最重要的站内引流方式可以简单概括为"以号带号"。"以号带号"指为矩阵中的几个不同账号分配不同的角色，并在账号之间进行一系列相互推广操作，让主账号快速增长粉丝量的一种引流方式。

互推涨粉在微信、微博都是非常常见的做法，但它们之间互推大部分都是多个独立账号的相互合作，并非矩阵账号之间的内部互推。抖音矩阵内的互推，主要是矩阵内的账号互推。在主账号发布抖音视频时，小号们会对其进行转发、推荐等操作。

运用矩阵互推引流需要新媒体团队在账号定位、互推规则、视频策划、时间安排上遵循一定的规则，才能达到真正为账号引流、涨粉的效果。

1. 账号定位

参与互推的短视频账号，不能是籍籍无名的抖音号，否则无法达到预期的效果。参与互推的账号需要满足两个条件，一是发布过许多的优质短视频；二是拥有一定的粉丝量。在这两个条件的限制下，新加入矩阵的抖音号是被排除在外的，新媒体团队需要先对这类账号进行养号和初期运营，成熟后才可正式加入引流工作。此外，对互推账号的选择应当参考以下4项标准：

- 调性相同。短视频账号的调性相当于其风格，不同风格的账号进行互推，会因为粉丝喜好的不同，无法达到引流的效果。

- 高重合度。重合度是指不同账号之间粉丝群体的重合度。主账号与小号之间的重合度要高。反之则不能互推。例如，主账号的粉丝大多为年轻女性，而小号的粉丝主要是男性，那么这两个账号之间就不能进行互推。

- 粉丝高黏性。新媒体团队最好选择粉丝黏性较高的小号进行互推，否则小号的粉丝可能会因为推荐大号的内容过多而产生反感，不仅没有达到引流目的，还可能发生掉粉的问题。

2. 互推规则

新媒体团队在选定互推小号后，需要遵守一定的互推规则来进行互推操作。比如，矩阵中粉丝量最多的一个小号有80万粉丝，最少的也有20万粉丝，那么互推时账号应该怎样分配角色呢？这个问题不管是主号推小号，还是小号推主号，都是需要注意的，因此需要设定好排名规则。设定时需考虑以下两点：

- 顺序。如果想用主号推小号，就要把小号排在比较靠前的推荐地位，不管是推荐的频次还是位置，都要排在第一；反之，如果是小号推主号，就要把粉丝数最多、转化率最强、粉丝黏性最高的排在前面，这样既能保证主号的涨粉效果，又能保证粉丝较少的小号的养成效果。

- 轮推。除了主推大号之外，小号与小号之间互推也是运营矩阵时的必需手段。小号互推可采取轮推的方式，其宗旨就是公平公正。比如小号A在当月的互推计划中排名第一，是互推的核心，那么在下个月互推时就要排名最后，如此可以保证所有小号都能排到第一名，都能成为推荐的核心。否则粉丝数量少的小号养起来了，粉丝数量大的小号却退步了，反而得不偿失。

3. 互推时间

抖音矩阵的账号互推要安排好时间，最好能在一天内同步进行，将热度最大程度地聚集起来，使推广效果最大化。其实微博热搜也是一样的机制，只有大量用户在同一时间内搜索某个关键词，或发布某个带关键词的文字，才能积攒热度，最终登上热搜榜。

此外，还需注意互推的具体时间段。在哪个时间段小号互推的效果是最好的，新媒体团

队需要依照自身账号的类型与粉丝观看量的峰值进行判断。

新媒体团队如果想要进一步扩大矩阵引流的效果，可以将矩阵的范围扩大至全平台，建立抖音与其他社交平台相互协作引流的跨平台矩阵，聚集全平台的用户，扩大账号的知名度。那么跨平台矩阵操作时有哪些注意事项呢？如图9-11所示。

寻找适配平台	建立跨平台协作矩阵的关键是选择与账号类型相适配的平台。不同类型的短视频账号所需要的平台类型是不同的，新媒体团队在选择协作平台时，平台与账号在形式上要匹配，在内容上要兼容
	选择用户数量够多的引流平台。一个合格的引流平台，其自身必须拥有一定数量的用户。用户的数量决定了该平台作为引流平台的下限和上限，通常一个用户数量足够多的平台，其引流效果也会更好
	引流平台与原平台之间最好不要存在竞争关系。有竞争关系的平台间可能会有许多潜在的竞争行为，所以新媒体团队如果将竞争对手作为引流平台，可能会产生反作用
引导流量到达目标平台	给出明确引流标志。引导流量的方式有很多，但是，要将其他平台的流量准确的引导到短视频账号中，需要给出明确的标志，如将在短视频平台中的同名账号植入视频内容中，以播主讲述的形式提出。这样一来，其他平台上的粉丝如果有想要观看更多类似视频的需求，就会选择去往该平台关注目标账号，实现了引流
	充分利用互动的力量。平台与平台之间的联系也可以通过播主与用户之间的互动形成。互动的作用就是调动平台用户的好奇心，比如在视频中留下悬念，在评论区中设置问题，引导其他平台的用户到短视频平台上关注账号、寻找答案，这样也可以有效地进行流量转化
联系的维系	首先，要保证不同平台上视频更新的频率基本同步，这样才能保证用户的活跃度和粉丝转化的连续性
	其次，平台间的内容要基本保持一致，不同平台的用户转化是需要引子的，这个引子往往就是用户感兴趣的视频或内容。新媒体团队必须确保用户从引流平台进入短视频平台时，能快速找到吸引他们的短视频内容

图9-11

9.8

提前避开矩阵角色定位的误区

新媒体团队想要运用账号矩阵为旗下账号引流，增加人气，就需要在实际操作过程中，正确定位矩阵中的账号角色。许多团队容易在角色定位上进入误区，常见的定位误区有以下3种。

（1）角色定位过高。过分看重团队中的某个账号，对这个账号的期望高于它实际可以承担的角色定位。这种情况大多出现在新开设的账号上。随着市场竞争加剧，新账号引流越来越困难，这种情况下，如果新媒体团队给某个新账号定位为帮助主账号进行引流的子账号，就大大超出了这个账号本身能够承担的定位。

（2）角色定位过低。与角色定位过高相反，角色定位过低是指团队给的角色定位，低于某个账号实际可以承担的角色。比如矩阵内的账号A，拥有100万粉丝，但是团队对其角色的定位还是帮助主账号引流。虽然这也是该账号需要担任的角色之一，可是它已经具备承担其他重要角色的能力，例如承担变现者的角色，它可以和主账号一样接广告，为新媒体团队带来更大的价值；或者是带领者的角色，带领着其他小号不断地吸粉，从而让其他小号成长为新的变现者或带领者。如果矩阵内出现这种情况，实际上是对资源的一种浪费。

（3）角色错位。这是指给账号的定位与其实际应当承担的角色不相符。比如拥有100万粉丝的账号A应该承担给主账号引流的角色，但是新媒体团队却将其定位成在账号评论区与主账号互动的角色，虽然也能起到一定的作用，但是账号A的100万粉丝的作用就被大大弱化了。

9.9

批量账号操作及注意事项

建立短视频传播矩阵之后，许多播主需要同时操作几个不同的账号，那么要如何才能安全并同时操作不同账号呢？具体说明如下。

1. 设备

许多播主会用虚拟模拟器登录账号，但是在账号刚刚开始发展，权重还不高的阶段，千万不要随便使用虚拟模拟器，更不要使用模拟器注册，这样可能面临被平台检测到并加以处罚的风险。等账号运营到成熟期，权重稳定在比较高的程度之后，再借用虚拟模拟器进行登录是没有问题的。

还可以利用安卓手机自带的双卡双待功能登录2个不同账号。此外，利用3个不同版本的快手（快手、快手极速版、快手大屏版），同时登录2个账号是没有问题的。

2. 电话卡

注册账号的电话卡一定要用实名制的正常号段。实名制电话卡也可以借用家人或朋友注册的。

3. 模拟真人

播主需要拿着养号的手机时常走动一下，换一换IP地址，其主要目的是模拟真人手机号码。同时，在手机中将微信、淘宝、百度、抖音、快手、美团、今日头条等软件都安装上，并导入10~20个通讯录账号，最大程度地模拟真人。

9.10

系统是怎样给用户与账号贴标签的

在养号的阶段，大家都知道要经常浏览同领域的短视频，让系统为自己的账号贴上标签，那么系统到底是如何给账号贴标签的呢？主要是基于以下几点，如图9-12所示。

系统为用户贴标签

☐☐ 账号浏览的视频，用户在哪些短视频停留的时间更长

☐ 账号关注了什么类型的账号，用户的偏好

☐ 账号的昵称与简介，是否有与行业领域有关的名词或标签

☐ 账号发布的视频作品的内容，账号经常发布哪方面的短视频，视频内容是什么

☐ 视频标题涉及到什么方面，出现了哪些关键词

图9-12

播主怎么判断自己被系统贴上了什么类型的标签呢？可以这样操作：用一个小号关注大号，关注后系统会在账号头像下方推送"你可能感兴趣"的账号。之后，通过观察这些账号的类型，判断大号被系统贴上了什么标签。

第 **10** 章

抖音平台带货实战技巧大揭秘

带货是抖音中最常见的一种盈利渠道。它指个人或团队开设抖音账号后，通过发布的短视频或者进行直播来推广商品，从而达到赢利的目的。许多知名抖音号的一场直播就能创下天文数字的销售额，可见抖音带货的强大引流能力。

抖音带货的形式多种多样，但其本质上仍然是一个结合新兴的媒体形式，进行商品推销的过程。抖音带货的诀窍很多，新媒体团队要了解带货的基本形式，包括不同类型商品如何选款等，才能在带货竞争中获得胜利。

10.1

带货账号的内容展现形式

抖音视频内容的无限可能，是新媒体团队表达创意的依托，也是用户对抖音短视频的期待所在。正因为这一点，成熟、优质的新媒体团队，即使目的是带货，也能将短视频的内容制作得十分有趣，克服观众对广告的反感心理，就算观众不下单也乐于观看带货短视频。

聪明的播主们会将带货商品融入自身专属的短视频内容中，达到带货目的，同时又不失自身独特的风格，保持短视频的高质量。常见的带货内容展现形式包括以下5种。

1. 种草类短视频

种草类账号是抖音用户十分熟悉的账号类型之一，这类账号重在表达某款商品与同类商品对比及其优势，同时很好地展示商品的功能。例如，抖音号"种草酱.仙度"吸引了超过300万粉丝的关注，其短视频画面的例子如图10-1所示。

图10-1

2. 评测类短视频

评测类短视频相比种草类短视频来说，其中的"干货"会更多。这类短视频的内容主要包括商品的外观展示、使用方法、使用效果等。评测类短视频通常是基于客观的角度，对某款商品进行展示，所以比较容易获得观众的认同。与此同时，新媒体团队也可以从视频的文案、配音或者人物造型等方面入手，打造IP，增加视频的可观看性，给用户留下记忆点。抖音号"老爸评测"就是评测领域中十分知名的一个账号，其短视频画面例子如图10-2所示。

图10-2

3. 剧情类短视频

剧情类短视频也是一种带货常用的包装形式。这类短视频相当于一部"迷你电影"，内容或者是段子改编的搞笑剧情，或者是走心的情感剧情，十分受观众欢迎。新媒体团队将带货商品植入剧情之中，为商品添加了一层软包装，这样的推广方式十分自然，用户更容易接受。例如，抖音号"吴夏帆"，在剧情中植入产品来进行软性推广，其短视频画面的例子如图10-3所示。

图10-3

4. 明星带货

明星带货也是带货账号的内容展现形式之一。抖音出现之前，"明星带货"一般是指某款服装或饰品等，经过某位明星在公众场合使用后，粉丝们纷纷购买同款，于是该单品成为爆款。

而目前抖音中的明星带货，是一种更加直观的方式，品牌方与明星直接合作，请明星在其抖音号中进行商品推广，利用明星效应，提高商品销售量。例如，某两位明星都在抖音中开通了自己的账号，其带货短视频画面的例子如图10-4所示。

图10-4

5. 直播带货

抖音早已在短视频APP中加入直播功能，短视频与直播的结合形成了各大短视频平台的新风尚。直播也成为当下最流行的一种带货形式，各个大V纷纷通过直播的形式来展示和销售产品。

10.2

抖音带货千万的秘诀

从2019年2月份开始，抖音购物车与淘宝打通，成熟的抖音账号可以链接淘宝或者天猫的宝贝。用户在浏览短视频时，如果产生了购买商品的冲动，可以直接通过小黄车链接，进入店铺下单，这就是抖音带货的目的。

但是，投入带货大军的播主不在少数，为什么有些播主却可以在短时间内大量积累高黏性粉丝，在带货中旗开得胜呢？首先来剖析一下用户购买商品的心理过程，如图10-5所示。

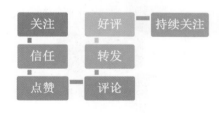

图10-5

用户关注播主是建立二者联系的第一步，之后，在观看账号发布的短视频的过程中，用户会慢慢建立起对播主的信任，并频繁为播主点赞。其后会深入互动，留下评论，进行转发。到了这一步，用户与播主之间高度黏性的关系已经建立起来，这时，用户会尝试着购买商品，如果商品质量上乘，体验非常不错，那么用户会在购买后留下好评。一次好的购物体验能给用户带来极大的信心，用户将持续关注该账号。

那么，在种子用户发展到成为账号忠实粉丝的过程中，哪一步是关键呢？新媒体团队要如何促成这一过程顺利发展到最后环节呢？从情感的角度来说，能让用户持续对账号保持好感的关键在于对于播主的信任。

新媒体团队需要为播主打造一个有吸引力的人设定位，并持续输出相关内容，以吸引精准的用户群体，在将用户转化为粉丝后，粉丝会对于播主具有更深层次的了解，并对其人设产生情感，这种情感可以是共鸣、崇拜、羡慕等，在粉丝"动了情"之后，新媒体团队把握住了粉丝的情感，也就掌握了带货的主动权，这就是抖音带货千万的关键所在。

以某抖音服装类带货账号为例，该账号从零开始，在抖音平台为其天猫店铺带货，在短短的8个月时间内，其店铺每个月的销售额达到300万元左右，如图10-6所示。

图10-6

该账号的播主是一位成熟有风韵的美女，而其人设定位是一位事业成功的单亲妈妈，一个人支撑起家庭与公司，视频中不少内容是播主带着孩子，与员工一同工作，拍照、选款等，传递出非常热爱生活、积极向上、充满正能量的价值观。这一人设打造十分成功，足够有"噱头"，又足够励志。其人设标签，如图10-7所示。

图10-7

该账号的每一条短视频，都在不停地输出这些标签。当女性用户看到这样一位充满正能量的女性，无论是作为一个母亲，还是一位单身女性，都愿意从女性的角度去支持播主。这个支持，实际上就是关注、点赞、评论等一系列行为的开始。

正是由于该账号的精准定位，其用户吸引大获成功，这位播主的粉丝画像与其自身人设高度的重合。具体表现为，该账号的粉丝中，绝大部分粉丝为女性。在年龄方面，粉丝群体中25岁~30岁的比例为26.7%，31岁~35岁的比例为29.8%，36岁~40岁的比例为19.8%，41岁以上为11.98%。该账号的目标客户群体为25岁~41岁的女性，而这一群体在粉丝中的占比高达70%~80%，如此精准的粉丝群体，在其他平台是很难实现的。

这样巧妙的人设，为该账号吸引了大量精准有效的粉丝群体，并通过长时间的人设输出，让该人设定位深入粉丝的心中，粉丝在评论区留言大多是："小姐姐你好漂亮呀，好喜欢呀，可是你很知性，你是真的吗？""你的衣服多少钱呢？有没有微信啊？""你的裤子好漂亮，你下雪去拍衣服，你冷不冷呀？我想穿和你同款"……因为粉丝已经对播主产生了信任，这时，购买商品已经不再是单纯地为商品买单，而是为播主的人设买单。如果抖音号已经运营到这个程度，轻松带货千万完全没有问题。

10.3

商品选品原则及注意事项

在短视频带货环节中，选品是必不可少的关键步骤。它关系着最终视频带货商品的质量，也影响着商品的二次销售额，并在某种程度上决定了视频内容的方向。选品做得好，视频的播放量以及商品的销量自然就高。

1. 选品中心原则以及注意事项

选品的中心原则是按照粉丝的用户画像来进行选品。在选品之前，新媒体团队应当先总结出账号粉丝群体的用户画像，并对其进行深入分析，对粉丝精确定位，再针对粉丝群体的具体特征进行选品。

例如，某短视频账号的粉丝群体以女性居多，年龄在18岁~28岁之间，消费能力不算高，这种情况就比较适合选择客单价较低的产品进行推广。同时，这样的产品也更容易成为爆款。如果粉丝群体消费能力比较高，则可以精选高客单价产品来提高利润率。

你问我答

什么是"客单价"？

客单价是指卖方在商品销售过程中，每一位顾客平均购买商品的金额，即平均交易金额。其计算公式为：客单价=销售额÷成交顾客数。

除中心原则外，选品的其他注意事项包括：商品是否应季，商品是否是品牌产品，商品是否能够通过视频以简单的形式进行表达等。以上事项都与短视频的转化率与商品销量息息相关。

同时，新媒体团队可以持续关注抖音平台的带货排行榜——"人气好物榜"，甚至可以持续记录相关情况，并整理成图表进行分析，这项工作可以长期进行，有利于培养新媒体团队在选品方面的敏锐嗅觉。

2. 不同类型的商品如何选款

抖音中常见的带货商品大致可以划分为非标品、标品、小类目三类商品，针对这三类不同的商品，也有不同的选品方式。所谓标品，就是有明确的规格、型号的商品，例如：手机、电脑等。非标品，指不是按照国家颁布的统一的行业标准和规格制造的，而是根据用户的需要，自行设计制造的产品或设备。非标品也不在国家设备产品目录内，厂家可以对产品的外观和性能进行改良优化，例如：服装、鞋、包等。

首先来说一下非标品的选款，作为抖音卖货最火爆的商品类型，非标品的选款大致可分为3种不同的方式，如图10-8所示。

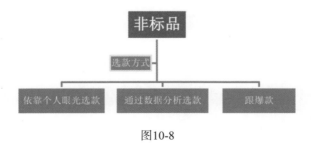

图10-8

最初，非标品的选款大多依靠新媒体团队的时尚敏锐度。许多女装潮品店，就是靠店主的眼光进行选款，之后购入进行测款，销售额是无法预测的。也有许多店主，本身对于服装、配饰、鞋包这类产品有一定了解，也积累了许多时尚方面的知识，在挑选商品时，有自己的一套逻辑，测款的商品往往都会火爆起来，久而久之，该账号也许能发展出其独立的风格，吸引一批忠实的粉丝。

完全依靠店主的个人眼光对商品进行挑选，即使在短时间内获得了成功，在长时间的运营中，"翻车"的风险也比较大。所以许多有条件的新媒体团队一般运用更加"科学"的方式进行选款，即通过数据进行选款。

新媒体团队可以通过分析产品属性来对比数据。可以把产品的所有属性都记录下来，通过属性去选款，比如衣物的厚薄，是常规的多还是薄款的多；穿着方式是套头多还是开衫多；爆款服装是两件套还是三件套；材质是棉还是羊毛；是通勤款还是街头款……数据平台已经将整个市场全部的交易指数都展示出来了，新媒体团队只需要把相关数据收集成一个表格，就能知道何种属性是热卖款了。

在掌握热卖的商品的属性之后，如果新媒体团队对应的用户群体需求比较大，销售目标比较高，就可以选择最高交易指数的属性去做相应的选款。选中符合这些属性的产品之后，再去进行测款就可以了。

对于中小卖家来说，如果不具备比较全面的数据分析能力，还可以采取"傻瓜式"的选款方式，即根据爆款来进行跟款。

什么样的款可以跟？很多播主会发现，自己账号上架的款与爆款一模一样，但是别人的能爆，自己的数据却不行，无论如何测试，点击率、收藏、加购的数据都不理想。这是因为对手已经运营出一个成熟的爆款，其人群标签比较稳定，而自己这边却是新品，没有权重、没有销量、没有人群标签，所以才会出现测不到数据的情况。

那么应当选择怎样的款式来跟呢？答案是：要选择一个上升曲线非常明显，但没有完全爆的款。

为什么要选择上升曲线非常明显的款式呢？因为不管是直通车还是其他人为干预的方法，成本都非常高，新媒体团队一定是对这个款有了十足的信心、十分有把握的情况下，才会花大代价去进行拉升，否则也不会投入资本，所以这样的款是可以尝试去跟的。

此外，选择采用非标品跟款方式选款的新媒体团队，需要注意以下事项，才能更好地销售非标品：

- 产品一定要有优势。如价格优势，很多女鞋商家做的是低客单价的女鞋，选款时直接选择一两百元这样的高客单价、卖得非常好的单品，然后生产出一模一样的款，定价却定为四五十元，出来一定是爆款。
- 更换商品图片。同样的款式，如果本身与别家爆款采用的是一模一样的商品图片，测款的时候发现数据不佳，可以尝试换一种拍摄风格或者拍摄角度。

再来说一下标品的选款方式。标品由于受到其商品属性的一些限制，选款方式并不多。如果新媒体团队选择跟款，那么在价格、销量、性能、品牌、外观、服务等因素中，一定要有1~2个因素比对手强，否则的话，这样的跟款在市场竞争中无异于以卵击石。

如果新媒体团队具有一定的研发能力，可以在同质化的市场上尽可能对产品做一些升级，争取做到：在同价格情况下，做到功能更强；在同样功能的情况下，做到性价比更佳。

如果不具备产品研发能力，在遇见标品市场上的低价产品时，不要盲目心动。标品领域中，很多类目的市场竞争非常激烈，选择这类产品后，会投入非常多的资金，对团队来说并不能达到预期的投资回报。如果碰见很大销量压制的竞品，没有绝对的资金实力也不要去做，因为同类目中销量榜首能压制第二名，是因为投入了巨大的心血，而排在前五名之外的商家，基本上属于汤都喝不到的状态。

小类目是指标品与受欢迎的非标品之外的、比较冷门的商品类型。对于中小卖家来说，连衣裙、鞋子之类的大类目很可能"玩不转"，因为不具备强大的供应链与资金实力，那么就可以选择小类目切入。小类目相对爆款类目来说，竞争小、压力小、库存风险小、资金压力小、人力成本压力小，比较适合新晋小白尝试。小类目商品的选款方式分为两种，如图10-9所示。

图10-9

第一个方法是可以根据搜索词进行选择。首先，看搜索人气和在线商品数的比率，即人气占在线商品数的百分比，比例越大越好。其次，看直通车参考价，尽量低于五毛钱，参考价五毛钱相对来说比较准确。直通车参考价和直通车后台的均价基本上一致，都比较准确。但是在搜索词查询里面的转化率是比较不准确的，所以如果想参考某一个搜索词的转化率，最好是在直通车的流量解析里面去看，转化率大于5%的话，那么这款商品就是比较合适的。

第二个方法是，可以去百度搜索TOP20万词表，将资料下载下来，就能看到一天、一周、一个月中淘宝前二十万的关键词。因为每个人对生活中的一些物品常识是有限的，所以在关键词表里可能会有很多不认识的产品词，比如"外调恒压阀"，一般人完全不知道这是什么，也就说明它相对来说比较冷门，去淘宝搜索"外调恒压阀"这个关键词，可以看到市场售价在200~400元左右，最高的收货人数为200多，说明它的市场竞争不大，但同时也说明了它的市场容量也不大。那么，新媒体团队有没有办法获得足够的利润呢？这就需要去看它的成本，比如在阿里巴巴搜索这个产品，就会发现80~90元就可以买到"外调恒压阀"。这样的产品，它的成本价只有80~90元，而售价是成本价的2~3倍。假如自家团队将这一商品的

售价定为180元，那么每售出一件商品就可以获得90元的利润。如果一个月有260人付款，那么当月月收入则会超过2万元。

3. 特殊时间应该如何选款

春节是我国比较重要的一个节日，大多数人在忙碌了一整年后，都会选择好好休息一番，为来年的奋斗蓄力。但对于春节后需要上新的商家而言，这段时间十分关键。

在第2年的3、4月，很多春款商品需要上新，如果等到那时候再进行推广、测款，很可能就会错过最佳的销售时机了。所以很多商家会在年前把春款商品确定好，那么应当如何确定来年的春款商品呢？

首先，一定要养成记录数据的习惯。不管是商品的点击率、收藏、加购率以及当季的爆款数据，每年的每个时段都应当有详细的记录，否则次年将没有数据可以参考。例如，2020年春节的时候已经记录了产品的数据，2021年春节就可以参考这些数据去进行测试。

其次，在冬季的时候如果想测试春款商品，这时测试出的数据并不准确，达不到市场加购率，根本原因在于买家没有需求，所以，这时应当将测款的数据标准略微下调。

接着，可以先测试一批商品。例如，同时测试20个款式，先找到其中5个还不错的款式，筛选掉其他15个款式。再在15款中留下5款，年后再进行1次测款，直到最后筛选出1个合适的款式。20个款式商品可能需要1~2周的时间进行测试，但如果测试5个款式，可能2~3天就能测试完成了。

10.4

通过抖音打造月销20万单的大爆款

2018年11月，一款名为"颜小米"的酱板鸭现身各大平台，该产品在不到一个月的时间内，销售额竟突破20万元。在抖音中发布关于同品牌辣条的短视频，也在2个月内卖了近100万包。这个有趣的品牌名，其实是老板颜勇女儿的小名。那么，他是怎么做到在这么短的时间内，创造出如此辉煌的成绩的呢？这还要从头说起。

颜勇接触到酱板鸭这一产品，是在随妻子回到老家常德的时候。当时，妻子家自己做的酱板鸭引起了他的注意。通过了解，颜勇发现妻子家做酱板鸭已经有十几年了，酱板鸭味道很不错，口碑也很好，只是常德的酱板鸭本身就十分出名，许多人都在做同一个产品，但大多销售模式与渠道非常单一，所以很少人能做到将品牌推广出去。年轻的颜勇萌生了将妻子家酱板鸭规模做大的想法。

1. 扩大产品生产规模

不论想通过何种渠道卖货，产品的质量好坏是成功的关键。认识到这一点对颜勇来说不是问题，妻子家的酱板鸭立足于常德这个"酱板鸭之乡"，生产出的酱板鸭有口皆碑。于是颜勇马上租下一个更大的场地，专门用于酱板鸭的生产制作，并在妻子家的店里进行试点售卖，效果十分显著，第一个月销售额超过1万元。

2. 成立品牌，专业化运营

在确定生产的酱板鸭十分受大众喜爱后，颜勇意识到，需要进一步扩大生产规模，并将目前的"厂房模式"迅速升级为"公司模式"。于是，他迅速注册了公司。在其不懈努力下，2018年时，颜勇公司生产的酱板鸭已做到占据本地份额的40%，成为知名的酱板鸭品牌，远销北京、深圳、广州等全国十几个省市，并预计当年产值可以达到1亿元左右。

但这还不是颜勇的终极目标，怎样打响品牌，让自家产品拥有区别于同类产品的销售特质，达到更大的销售规模呢？着眼于同类市场，合作团队指出——当时在常德武陵区一共有12家酱板鸭生产企业，但其存在的共同问题是：品牌杂而不强，销售模式单一。于是，如何树立企业品牌与拓展销售渠道，成为摆在颜勇面前的两大问题。

但这难不倒颜勇，在很早以前，颜勇就在悄悄关注抖音这一拥有庞大用户基础的新兴传播渠道，现在正是强势入驻的好机会！颜勇开始为入驻抖音做准备，"先品牌，后渠道"，他开展的一系列工作，如图10-10所示。

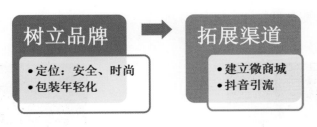

图10-10

合作团队认为，目前颜勇公司面临的问题中，最需要解决的是定位问题，需要先分析清楚竞争对手的相关情况，确定其品牌到底往哪个市场去发展比较好，之后再来做品牌的设计，这样才能确保效果更加精准。

经过专业分析，团队发现，当时常德市场上的酱板鸭包装大多都偏传统，而目前的消费主流群体为80后、90后，传统包装对该群体的吸引力非常小，因此品牌包装年轻化势在必行，于是设计出了新包装，如图10-11所示。

图10-11

有了新包装，品牌也需要有一个响亮的新名字，颜勇觉得新品牌的食品安全十分重要，于是想到了用女儿的小名来为新品牌命名，其目的是体现他作为一个父亲，在生产中要坚持食品安全这一原则。颜勇女儿的小名叫"小米"，为了规避与手机品牌重名，又在前面加上了自己的姓，由此"颜小米"诞生了。

解决了品牌问题后，合作团队建议颜勇建立微商城，并用抖音为微商城引流。选择微商城是因为颜小米品牌中的产品已经逐渐多元化，微商城既能满足多产品的排列、展示需求，也能贴近消费群体，更重要的是方便抖音用户购买。

在不断优化微商城后，抖音的引流工作也被提上了日程。颜小米在开设抖音号"常德特产颜小米"后，该账号发布的大部分短视频都是产品，产品的制作过程、用料、成品，都在短视频中得以展示，如图10-12所示。

图10-12

在抖音中，颜小米展示的产品不仅包括酱板鸭，还包括自家生产的各种辣条。在短视频中花样百出的美食诱惑下，大多数用户都表示"流口水"，并询问哪里能买到。这时，团队则会在评论区回复有意向购买的用户私信沟通，并引流到微信，如图10-13所示。

 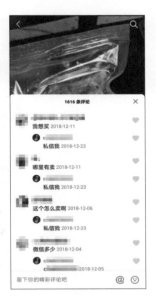

图10-13

在"常德特产颜小米"发布的短视频中，有一条短视频的播放量超过500万，点赞量达到6.7万，评论量也有1.1万。这条短视频在2个月内，帮助颜小米卖出了近100万包辣条，如图10-14所示。

图10-14

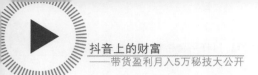
　　有了新的品牌包装与新的宣传渠道，颜小米上市仅1个月，销售量就突破了20万。自微商城开始上线运营以来，经历大半年的发展，颜小米的微商城月均销量已经达到30万左右。其微商城页面，如图10-15所示。

图10-15

　　颜小米属于抖音带货中的一个特例，它之所以能通过抖音达到月销20万单的成绩，其关键在于打造了符合抖音用户群体口味的品牌调性。抖音的主要用户群体为一二线城市的年轻人，这类年轻人不论性别或职业，都有一个共同特点就是"吃货"属性。而酱板鸭、辣条作为受市场欢迎的休闲食品，正是这类用户的"最爱"。

　　同时，颜小米在发布的抖音视频中，将产品的制作过程、原材料等，进行了实地拍摄，这些短视频不仅勾起了用户的食欲，还达到了让用户对产品的安全问题放心的目的。只要出现了第一批购买者，便可以持续对"回头客"进行经营，同时让老客户带来新客户，并在抖音中继续宣传引流，不仅打响了品牌，也为产品吸引一批又一批的潜在购买者。

10.5

深度拆解一个高级带货账号

　　"夏做美妆，冬做养生"，抖音带货圈流传着这样一句话。意思是夏天进行美妆类带货十分吃香，冬天的养生产品也十分好做。在冬天的养生产品中，最能让新媒体团队大赚一笔的就是"养生茶"，它曾经让播主日收入过千，这是怎么做到的呢？养生茶真的有这么大的魔力吗？

某专注养生茶的抖音号，抓住了寒冬时节人们崇尚养生的心理，在短时间内吸引了很多粉丝的关注，其产品销量也一路走高。其抖音主页，如图10-16所示。

图10-16

1. 养生茶项目火爆及高盈利背后的逻辑

因为做养生茶获得高流量与高收益的账号不在少数，其成功模式一定程度上是可以复制的，但并不是每一个经营此产品的账号都能大获成功，其原因在于是否把握住了养生茶爆红的逻辑。

通过抖音带货火爆的商品数不胜数，养生茶能脱颖而出，获得大量用户的青睐，这是因为养生茶的定位足够巧妙，满足了当代用户多方面的需求。想要分析养生茶火爆的内在原因，可以从其类型、火爆的内因、转化原理，以及项目前景4个方面进行深入分析。

第一，常见的养生茶类型

养生茶是根据人们的不同体质以及不同的时令季节，搭配相应的药材和食材制作而成。喝茶是我国一种风尚，是一种刻入人们骨子里的传统习惯。随着时代的不断进步，各种各样的"保健养生茶"逐渐出现在大众的视野，并逐渐被大众接纳。常见的养生茶类型有美容美颜茶、养生护肝茶、消脂瘦身茶、清肝明目茶。根据养生茶的类型不同，其原料也有所差异，例如，一款祛湿养生茶，其原料包括：薏苡仁、红豆、芡实。一款清新去火的养生茶，其原料包括：金银花、菊花等，如图10-17所示。

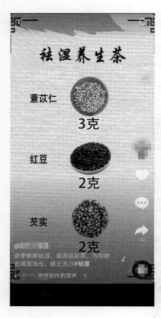

图10-17

第二，养生茶火爆的内在原因

不难发现，养生茶能在众多爆款商品中脱颖而出，成为带货播主最青睐的产品之一，这与图10-18所示的3个方面的具体原因相关。

图10-18

第三，养生茶的转化原理

养生茶的转化率非常高，绝大多数的养生茶项目都能日进斗金。养生茶高转化率的根本原因在于，养生茶抓住了现代人身体大多处于亚健康状态、需要关注健康的痛点，并将这一痛点进行放大，引起人们的焦虑，从而将养生茶作为解决亚健康问题的方法。这样就形成了一个售卖养生茶的良好闭环，如图10-19所示。

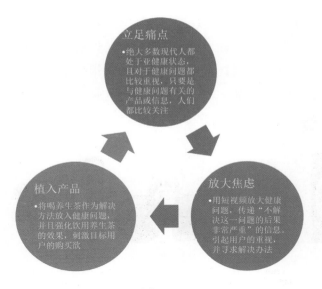

图10-19

第四，养生茶项目的前景

目前，在养生茶领域内已经形成了互补阵营，分别是"养生茶"和"美容茶"。养生茶主要解决用户在春、秋、冬这三个季节的健康问题，而美妆茶则帮助用户在春、夏、秋这三个季节进行美容养颜。二者并不冲突，组成了养生茶一年四季的销售品类，帮助养生茶项目获得更大的市场。由此可见，养生茶项目的前景非常不错，值得新媒体团队尝试。

2. 养生茶品类及其选择方法：快速锁定目标产品及佣金

市面上的养生茶品类繁多，且各有特点。新媒体团队在选择养生茶的时候，可以从养生茶的功效、类型和产品的佣金三个方面出发，选择适合自身推广的养生茶种类，才能在带货道路上获得长久的发展。

首先，来看看养生茶的类型与其对应的功效。不同类型的养生茶，其功效也是不同的，适用的人群也不同。不同人群适用的养生茶类型及其功效，如表10-1所示。

表10-1

适用人群	男性适用		女性适用				男女通用		
养身茶类型	胖大海、菊花茶	五宝、桑葚、山药茶	红枣、桂圆、枸杞茶	红豆、薏米、芡实茶	玫瑰、冬瓜、荷叶茶	红糖、桂圆、姜茶	蒲公英根茶	艾草、中药足浴	菊苣、栀子茶
养生茶功效	清咽润肺	补肾壮阳	补血补气	驱湿养颜	瘦身减肥	驱寒调理	清热解毒	养神、安睡	降高酸

可以根据养生茶的功效，推断出其适用的目标群体。反之，根据账号的目标人群，也可以判断出这类人群面临的健康问题是什么，从而选择合适的养生茶类型进行推广。表10-1中

列出来的功效以及对应的养生茶类型，只是众多养生茶中的一小部分，仅供读者参考。

其次，养生茶应该如何选品及获取佣金呢？我们可以通过抖音好物榜、大淘客、飞瓜数据、好单库，以及种草之家等方式找到人气火爆、销售量较好的养生茶产品，同时也可以通过这种方式了解产品的佣金。好单库某月销售火爆的养生茶产品的销量，如图10-20所示。

图10-20

从图10-20中可以看出，销量排在第一位的养生茶，月销售量高达23.16万件，可见其火爆程度。此外，每个养生茶产品的下方都有详细的佣金说明，以及该款茶品的功能介绍，这对于新媒体团队快速锁定目标产品非常有帮助。

3. 养生茶视频的3大主流类型：哪个玩法效果最好

目前较为主流的养生茶视频类型有3种，分别是罗列配方卖点类、养生综艺类以及卡通类。这3种类型的视频呈现出来的特点也不同，具体如下：

- 罗列配方卖点类：这种养生茶短视频类型是抖音上最常见的一种养生茶短视频。演员真人出镜，以专业身份讲述健康问题，并将养生茶有机地植入视频中，向用户展示养生茶的配方和卖点。

- 养生综艺类：这类养生茶短视频类型与养生综艺节目相似，一般由新媒体团队进行二次剪辑，创作出一个新的养生茶短视频，向用户展示多喝养生茶的益处。养生综艺节目中的讲解嘉宾，一般是养生领域的专家或者其他有影响力的人物，这些人在养生领域比较权威，说服力很强，能为产品背书。

- 卡通类：卡通类的养生茶视频是指视频内容通过卡通的形式向用户展示，其内容与罗列配方卖点类的视频差不多。但卡通类的养生茶短视频会更倾向于养生茶的科普。

值得注意的是，上面3种养生茶视频类型可以两两结合起来使用。以某养生茶短视频为例，这个视频将罗列配方卖点类与卡通类的特点相结合，如图10-21所示。

图10-21

图10-21所示的短视频中，运用了卡通的方式描述了肝火旺盛人群的几种症状，之后再罗列能解决此问题的养生茶配方，属于罗列配方卖点类短视频与卡通类的结合。在内容上，视频一开始就抛出了肝火旺盛的几种表现，包括易发胖、易发怒、失眠、多梦、口苦等，这些常见症状击中了用户的痛点，用户在观看视频时，将自身的种种不适"对号入座"，并随着视频的发展，寻找解决这些不适的方法，最后顺理成章地下单购买。

4. 养生茶文案写作及视频制作：抛弃烦琐，新手也能做

养生茶的文案编撰及视频制作并不如想象中的那样复杂，其有固定的"套路"。我们分别从养生茶文案写作和视频制作两个方面来进行分析，让新晋播主也能写出紧抓用户痛点的文案，并制作出效果极好的养生茶视频，轻松实现盈利。

第一，养生茶的文案写作

养生茶文案写作首先需要遵守的就是时间原则，即在短视频开头的前3秒就需要吸引住观众的目光。由于短视频时间较短，需要在3秒之内抓住观众的眼球，因此，播主往往会在标题设置时运用"正话反说"的技巧，如"常熬夜的人，千万不能喝这个"，并且在5秒之内描述产品的配方和使用方法，并将结束语定为"每天1杯，1个月后你会回来感谢我"，以达到刺激用户购买的目的。

除了需要遵循时间原则，新媒体团队还需要寻找并积累丰富的素材。新媒体团队可以通过4种方式来寻找文案写作所需的素材，具体如图10-22所示。

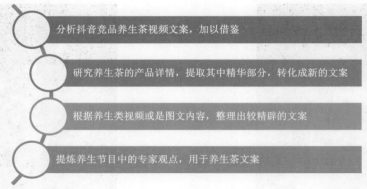

图10-22

第二，养生茶视频制作

制作养生茶视频的方式有3种，分别是混剪、实拍和动画。这3种具体的制作方式，如表10-2所示。

表10-2

混剪	通过视频剪辑软件对多个视频素材进行二次剪辑，创作出一条新的养生茶短视频
实拍	通过拍摄某款养生茶的不同配料、制作方法等片段，并剪辑出一段完整的养身茶短视频
动画	通过卡通动画的形式，配合养生科普等手段，传递养生知识，并推荐某款养生茶

5. 养生茶带货出单技巧解密：要做什么与不能做什么

追求更高的养生茶出单量，是经营养生茶项目的播主最关心的问题。因此，新媒体团队应当主动探寻如何提高养生茶短视频的播放量，以及提高短视频的转化率。这就涉及到养生茶短视频要不要投放DOU+，视频播放量太低要怎么解决，播放量高但转化率很低怎么解决这3个问题。

第一，是否要投放DOU+

不难发现，抖音平台上播放量和点赞数据都很高的短视频，有很多都利用了DOU+工具为视频进行了二次助推。因此，很多播主也想通过投放DOU+，提高短视频的曝光率，增加养生茶的出单量。但由于养生茶短视频自身的部分特性，容易被平台判定为营销广告，所以很难通过审核。因此，养生茶的短视频不建议投放DOU+。

第二，视频播放量低甚至没有

当一条养生茶视频发布后一段时间，视频播放量非常低，甚至是个位数。这时，播主要对短视频包括账号进行检查，寻找出问题所在，并积极解决。

一方面，播主应当检查短视频内容是否违规。视频违规主要体现在存在敏感的内容或画面，这种情况会导致短视频被平台限流，新媒体团队需要找出视频中可能导致敏感的所有细节，并将其改正后重新发布。

另一方面，在确认视频无问题后，播主要检查账号是否存在问题。抖音账号可能存在由于运营问题或者养号问题被降权的情况，新媒体团队应当随时留意，并进行相应的改正。

值得注意的是，如果上面所说的第一、第二点都正常，则可以尝试用其他方式刺激账号流量。例如，通过直播的方式引导用户关注，并在直播过程中恰当地嵌入养生茶的相关内容，从而带动养生茶的销量。

第三，播放量高但是没有销量

播放量高而养生茶销量却毫无起色，这是做养生茶项目的播主们时常会遇到的一个问题。这个问题可能来自3个方面的原因：一是账号定位不准确，养生茶视频受众垂直度不够高；二是养生茶视频内容缺乏有效的互动数据，如点赞量和评论量；三是养生茶视频缺乏卖点信息，或者卖点与目标受众不够匹配。

因此，在养生茶这个遍地黄金的项目中赚得盆满钵满，新媒体团队需要不断学习理论知识，并积累实践经验。从多方面入手，将账号流量推到极致，并从卖货的角度不断发力，才能获得收益。

第 **11** 章

抖音短视频+直播盈利

市场在哪里？有流量的地方就有市场。抖音，这个当红的自媒体新锐，早已牢牢抓住了各路电商与新媒体团队的视线。不论是短视频带货、IP盈利还是直播盈利，都是通过粉丝带来流量，进而产生收益。抖音短视频作为一个强有力的营销渠道，其精妙之处在于，它能将广告和品牌打造成内容本身。同时，抖音完善的直播系统也让主播们可以在直播时通过礼物系统、带货能力等，直接让流量盈利。

11.1

抖音短视频和直播的关系

相比于其他的短视频APP，主播们想要在抖音开通直播，门槛会更高。但这并不意味着抖音不重视手机直播这块"蛋糕"。最初，抖音面向所有用户开放了直播端口，但"低门槛"导致了直播乱象，令平台官方不得不暂停、调整直播业务。经过一段时间的调整，抖音提高了直播的准入条件，同时加强了对各个直播间的管控。最后采用邀请制的形式向部分用户重新开放了直播功能。

虽然短视频和直播都是视频类的自媒体运营内容，但二者存在一些区别：

- 直播的时间跨度很长，短则几十分钟，长到一整天都是有可能的。而短视频，顾名思义，它的时间较短，一般在15秒至5分钟之内。
- 直播是直接边拍边播，播主直播的时间就是粉丝们观看直播的时间。而短视频是拍摄完成之后，通过后期制作，再上传至抖音，用户才能看到。
- 直播的核心竞争力是与直播观众的强互动性，而短视频则是在短时间内给粉丝传达丰富的信息，二者的侧重点不一样。

11.2

策划短视频吸引粉丝进入直播间

在运营抖音号一段时间后，主播们一般都能积累一定量的粉丝，此时，这个账号也就拥有了盈利价值。直播的互动性强于短视频，所以主播可以尝试开设直播间，利用短视频将粉丝吸引进直播间，然后借助各种方式实现盈利。那么，策划出能够吸引粉丝进入直播间的短视频，就成了关键。

1. 有导向性的内容

内容是短视频吸引粉丝的核心。如果短视频本身已经具有优质的内容，那么只需要加上一点引导技巧，就可以轻松地将粉丝引流到直播间。这个引导技巧可以从两个方面着手。

第一，在视频标题中"明示"。视频标题最好要带有"直播"字样，这样可以让粉丝明

确该短视频的主题。一对夫妻播主利用短视频的标题，将他们即将开通直播间的消息，清晰地传达给粉丝，标题内容如图11-1所示。

图11-1

第二，在短视频中，主播应该具体讲述该次直播的主题和准确的直播时间，并在短视频的末尾与粉丝约定在直播间相见。这对夫妇播主在短视频中介绍了即将直播的内容，是分享好物以及唱歌给粉丝听，并在视频的结尾与粉丝约定，当晚7:30在直播间相见，如图11-2所示。

图11-2

2. 一定的福利奖励

利用各种福利引流用户，也是一种常用的营销手段。所以播主可以在视频中告知粉丝，本次直播会有哪些福利，这些福利可以是小礼品，也可以是红包奖励，甚至可以是针对用户群体准备的、一些特定领域的知识分享。总之，一定要告知观众，此次直播一定会让他们有所收获，这样观众"蹲直播"的可能性才会增大。图11-2所示的播主在评论中告知粉丝此次直播会有哪些福利，如图11-3所示。

图11-3

可以看到，该位播主送出的福利有手机，还有现金红包和各种小礼物。其中，手机价值高但数量少，而红包和小礼物价值低但数量多，这两类福利组合起来能够很好地吸引大部分观众的关注，引导他们进入直播间。

> **知识加油站**
>
> 播主要想在抖音中利用短视频加直播的方式变现，第一步就是在抖音开通直播权限。抖音直播权限的开通条件，经历过好几次变化。如今，播主想要进行直播，不需要达到一定的粉丝数量，或者获赞多少，而是在登录账号后，就可以直接进行直播。主播们在想要进行直播或者其他操作时，可以查阅抖音平台的相关政策，再着手进行。

11.3

直播间盈利

网络直播市场潜力巨大，很多人都看到了其强大的变现能力。虽然它已经在产品形态、用户教育方面基本成型，但由于各类玩家众多，竞争激烈，格局未定，所以，在盈利模式方面还需要继续探索。新媒体团队要认识到直播是一种集真实、效率、互动于一体的内容传播工具，它可以与明星、品牌、企业跨界合作，产生的传播效果和变现能力非常惊人。

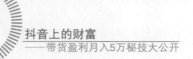

在直播的发展过程中，出现过各种各样的盈利模式。随着直播的移动化和泛场景化，越来越多的预期盈利模式都可以实现。未来的直播还会在模式上和技术上同步创新，必将带来更多的盈利方式。直播的盈利方式如图11-4所示。

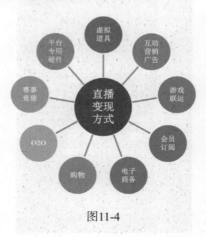

图11-4

11.4

在观众中建立良好的第一印象

不管是在现实生活中，还是在视频中，良好的第一印象总能增加观众的好感。观众对主播有了第一印象，自然会愿意继续观看直播，这样主播才有机会在直播时进行产品推销或者线下引流。那怎样才能在观众中建立良好的第一印象呢？具体方法如下：

- 妆容得体：得体的妆容，是主播获得观众良好第一印象的关键。主播在进行直播之前，如果是女性主播，最好能够妆容精致，并在直播时打开美颜，力求将自己最好的状态展现给观众。如果是男性主播，则可以在衣着方面着手，切记要保证衣着得体，最好不要穿奇装异服。因为观众的审美各自不同，所以贴合大众审美的服饰是最好的着装。

- 礼貌用语：主播在直播时，一定要注意文明用语，建议不说带有贬义内涵的词汇、用词客观而无偏颇，这样可以减少直播内容所带来的争议。

- 表情管理：良好的表情管理可以给观众留下良好的第一印象。主播在直播时，放松脸部肌肉、自然微笑，能增加观众的好感。

- 声音柔和：柔和的声音，可以带给人亲切感。所以主播在直播时，切记不要大喊大叫，应该吐字清晰且语气柔和，这样直播的效果才会更好。

11.5

"玻璃心"不适合玩直播

直播是一种高度互动的信息交流模式，它实时性强，因此主播在直播时，不可避免地会遇到一些突发状况，这些突发状况包括信号突然中断、麦克风出现问题，或者女性主播不小心没开美颜，从而导致自己的形象受损。这些都是对主播心理素质的考验，因此主播的心理素质不过关的话，就不适合做直播。

例如，某位专职游戏解说的女主播，本来给粉丝营造的人设是人美声甜的美少女。在直播时，该女主播一般都不会将脸部露出，就算露脸也是开了美颜或者利用一些遮挡物对面部进行处理。但在某一次在与另一位女主播进行连麦直播时，该女主播操作失误，不小心将素颜展现在粉丝面前。而该女主播的素颜形象又与直播营造的人设大相径庭，导致"人设崩塌"，给粉丝造成了很大的心理落差。因此，这位女主播也受到了极大的舆论压力，其直播账号也因为这一事件被封停。

如果遭遇同样的状况，许多"玻璃心"的主播很难在短时间内调整好心态，甚至会因此一蹶不振。但该女主播并未因此中断自己的直播生涯，而是在其他平台又开设了直播账号。在此，我们不鼓励主播打造与自身差别太大的人设，也希望所有主播都能学习这位女主播的强大心理素质。

在直播或者短视频行业中，随着主播名气的上升、粉丝量的增加，主播会逐渐变成一个半公众人物，其一举一动都有可能成为大众的话题。主播可能会面临粉丝所带来的各种质疑，当这些质疑达到一定程度，就会削弱主播直播的信心，甚至会对主播的心理造成一定的伤害。因此，主播一定要培养自己强大的心理素质，并关注自身的心理健康，避免被消极评论所伤害。

11.6

创意很重要，"山寨"勿过度

随着各类直播平台的兴起，直播变得越来越火热，直播内容的同质化问题也越来越严重。主播们在刚开始直播的时候，也许会模仿一些热门主播的直播方式或直播内容，但这不是长远之计。播主如果想要在直播这条路上发展，并借助直播变现，就必须拥有自己的直播创意。直播创意表现在很多方面，比如直播的标题、内容和表现形式等。

1. 标题有创意

标题是对直播内容的精准概括，也就是直播主题。一个有创意的直播标题，不仅能够吸引粉丝的眼球，还能使自己的直播获得系统的推荐。那什么样的标题既有创意，又能吸引人的眼球呢？有创意的标题具有如下几个特点：

- 带有新奇的内容。人们都会对新鲜的内容感到好奇，如果标题中带有一些新奇的、大众比较陌生的内容，那么该直播间对粉丝的吸引力就会加大，例如"跑调专场，带你领略不一样的音乐风格"，就是一个比较新奇的标题。

- 明确指明本次直播分享的知识内容。有些粉丝观看直播，是想从直播中学习一些技能和知识，所以主播在标题中明确指出，该直播能够为粉丝分享哪些知识，就容易吸引粉丝进入直播间。例如"讲解职场必备的五种技能"，就清楚地告诉粉丝，可以从本次直播中学到什么。

- 提出疑问。提问式的标题能够引发粉丝的好奇心，所以主播在创作直播间的标题时，可以尝试多用设问或者反问之类的语句，让粉丝因为好奇而进入直播间，例如"为什么你总是学不好英语？"，这个标题对那些想学好英语的粉丝很有吸引力。

- 简洁易懂。简洁清晰的标题比复杂冗长的标题更具有吸引力，所以直播间的标题字数最好不要过多，否则粉丝会因为不想花太多时间阅读和理解标题，而离开直播间。例如"考研政治大解析"这个标题就比"我花了30天终于弄懂了考研政治大纲和一些政治问答题解题技巧"更容易让粉丝接受。

2. 内容有新意

内容是直播的核心，主播要想将粉丝留在自己的直播间，就必须提供新奇而又有创意的内容。直播所包含的内容非常广泛，可以是美食、游戏、美妆、购物、生活技能、科普等方面。而美食、美妆、游戏竞争之类的直播内容最常见，因此，主播想要在这些方面创造新意也比较难。

主播要想使自己的直播内容具有新意，可以尝试直播一些比较小众的，但是又能引发人好奇心的内容。例如，在直播时分享一些令人感兴趣的科学知识，但这就要求主播具有一定的专业知识储备，或者在直播之前，提前学习与该次直播内容相关的知识。中科院的科研人员就尝试利用直播，解决一些网友们的脑洞问题，如图11-5所示。

"穿越秦朝能不能发电""极光为什么是绿的""太阳怎么没被蒸发"这类问题，创意十足，有趣，又好玩，粉丝看到这样的直播内容，自然很愿意进入直播间。虽然大多数的主播都无法像中科院的研究员一样，具备深厚的专业知识，但是主播如果想让自己的直播内容也有如此的创意，就可以自己先提出一些有趣的问题，然后再去学习与这些问题的相关知识，并撰写有趣的文案，之后在直播中为粉丝讲解就行了。

图11-5

3. 直播背景、道具有趣

直播背景指主播身后的布景。道具指主播用于出镜的公仔、宠物等。布景、道具能影响整个直播间的气氛。大多数的主播都是在室内进行直播，要想使直播间显得生动有趣，可以在直播时加入一些小动物，如可爱的小猫咪或小狗。某美妆类的主播，在宣传直播的短视频中就告知粉丝，在直播时她会带上自己的萌宠，希望粉丝都来自己的直播间，如图11-6所示。

图11-6

此外，主播还可以选择将自己的直播背景定在户外，最好选择那些景色比较优美的地方，这样粉丝就可以一边欣赏美景，一边观看直播了。某主播把自己的直播背景定在了户外，让粉丝能一边观看户外的景色，一边听主播的内容分享，如图11-7所示。

图11-7

该次直播时间恰好是盛夏，该直播背景向粉丝展现了青山绿水，粉丝一进入该直播间，看到这样的背景，感觉到心旷神怡，就会因为直播的美景而留下来。

11.7

打造符合主播人设的直播间

主播在进行直播之前，通常已经有了清晰的人设定位以及专攻的直播方向。有的主播专攻娱乐领域，这些娱乐内容包括了动漫、影视、文学、音乐等方面。有的主播专攻游戏领域，专注解说一些电子竞技赛事的比赛过程。有的主播主攻电商领域，会进行一些电商产品的销售和宣传。有的主播主攻专业知识教学，会在直播时讲解各类专业知识。既然不同的主播具有不同的人设和定位，那他们所使用的直播间也应该符合其基本的人设与定位，这样才能给粉丝留下相应的印象。

1. 风格清新的娱乐类直播间

娱乐类直播一般要求能让观众感受到轻松愉悦的氛围，并且主播大多是女性，她们所塑造的人设形象也多是甜美清新的，因此在布置直播间时，可以将风格往可爱清新方面靠。例如，在直播间中放置一些精致的手办、可爱的玩偶等，让直播间充满少女感。某娱乐类女主播的直播间就放置了一些玩偶和手办，如图11-8所示。

图11-8

主播还应该注意直播间的色调，直播间的色调最好以暖色为主，如红色、黄色、橙色，这类颜色能够带给粉丝以阳光、温暖、向上的感觉。也可以用粉色、蔚蓝色、丁香色、象牙白、藕色、月白、米色穿插其中，这样可以使直播间的风格显得更加清新。某娱乐类女主播的直播间色调就以暖色调为主，如图11-9所示。

图11-9

2. 充满电竞周边的游戏类直播间

与娱乐类的主播相反，游戏类直播的主播大多都是男性，且他们都是资深的游戏玩家或游戏竞技选手，对电子竞技的周边产品比较了解。所以，在布置游戏直播间时，可以考虑多放一些电竞产品。例如，魔兽游戏解说的主播，可以在直播间放一些魔兽的周边，包括魔兽的T恤、白金版魔戒等产品。

主播还可以在直播间放置一些专业的电竞装备，如专业的游戏鼠标、键盘、耳机、电竞显示器，甚至还可以再加一张电竞椅，这样可以改善直播间的氛围，让观众感受到直播的专业程度，另一方面也能从侧面打造主播的人设。专业的电竞椅，如图11-10所示。

图11-10

3. 展示产品的电商类直播间

电商类的主播进行直播的目的，就是进行商品推广和销售。这类主播在布置直播间时，一定要尽可能地加大产品的曝光度，让粉丝第一眼就看到自己售卖的产品。具体做法就是将要推广的品牌或者本次直播的重点推荐产品放在最醒目的位置，例如，将产品的品牌标志直接放在背景墙上，或将自己所要推荐的产品陈列在显眼的地方。另外，电商类主播需要向粉丝清晰地展示自己的产品，因此直播间最好还要有一个很好的照明灯，力求把产品的细节都呈现给粉丝。合格的电商类直播间的布置，如图11-11所示。

图11-11

从图11-11中可以看到，该直播间有几个亮度较高的照明灯，可以让主播清晰地向粉丝展示产品的细节，并且直播间里有序地陈列着主播将要介绍和推广的产品。这样的布置能让观众感受到主播的专业性。

4. 设备专业和风格严肃的教学类直播间

教学类直播主要向粉丝讲授一些知识，让粉丝有所收获。开设这类直播的主播，大多都是老师，或者有一定专业技能的技术人员。在进行这类直播时，最重要的就是要将知识讲透，即让粉丝能够理解主播所讲解的知识。

直播中不可避免地需要借助一些工具，以帮助观众理解主播讲解的知识。所以在布置教学类直播间时，必不可少的道具就是黑板或者一个能够手写的电子显示屏。此外，因为大多数的教学直播，都是以录屏或者讲解PPT的方式进行，主播可以不出镜，所以在直播时，一定要配置专业的教学设备。目前市面上可以进行录屏或PPT直播的推荐设备，如图11-12所示。

录屏或PPT直播

设备	配置	用途	推荐型号
电脑	CPU：I5 以上 内存：4G 以上 独立显卡：2G 以上	发起直播	/
麦克风	拾音清楚，无杂音	收音	(1) Takstar/得胜 PCM-1200 (2) BOYA 博雅 BY-M1 领夹麦克风
摄像头	清晰	拍摄	罗技 C920
手写板	灵敏准确	代替鼠标，手写更自然	(1) wacom 数位板 ctl672 (2) 绘王 GT-156
高拍仪	清晰	拍摄书写画面	良田 VE802AF

图11-12

录屏或PPT直播设备，可以帮助主播呈现所讲解知识的内在逻辑。除了主播不出镜的直播，有些教学类直播会采取摄像头对准主播，主播现身讲解的方式，直播教学过程。这时也需要借助一些专业设备，具体设备如图11-13所示。

拍摄类

设备	配置	用途	推荐型号
摄像机	清晰拍摄画面	拍摄画面	索尼 MC2500
采集卡	稳定不卡顿	采集画面	美乐威 Gen2
麦克风	拾音清楚，无杂音	收音	BOYA 博雅 BY-WM6 无线麦克风
电脑	CPU：I5 以上 内存：4G 以上 独立显卡：2G 以上	发起直播	(1) wacom 数位板 ctl672 (2) 绘王 GT-156
灯光（非必须）	微电影灯光 3 盏	保证画面亮度和干净度	

图11-13

可以看到，主播出镜的直播方式推荐的麦克风是无线的。此外，灯光虽然不是必须的装备，但是为了使主播的形象更佳，也建议配置多种光源，从而为直播营造出更好的视觉效果。

这里还需注意，主播出镜的情况下，服装方面最好以正装为主，建议主播着浅色衬衣，

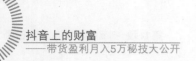
搭配深色下装。另外，直播间要保持干净整洁，除了必须的专业设备以外，最好不要放置其他无关的东西。

11.8

直播营销的7种方式

直播营销要想取得成功，就要采用适当的营销方式，创造一个能吸引粉丝参与直播的理由，从而实现盈利。目前视频上常见的直播营销方式主要有7种，分别是颜值、网红明星效应、独特性、采访、利他性、对比。这7种营销方式对粉丝的吸引力各不相同。

1. 利用才艺进行营销

才艺展示是主播们最常用的一种营销方式。粉丝们来到直播平台大多都是为了娱乐，而一些有趣的才艺展现可以让他们感到愉悦。只要主播们的才艺水平够高，可以吸引大量的粉丝进入直播间。

主播们可以展现的才艺多种多样，可以是乐器演奏，如演奏琵琶、吉他、钢琴、古筝，也可以是唱歌或脱口秀等。某琴行的琵琶老师，就在直播中演奏琵琶来进行营销，直播预告的图片也是琵琶演奏，如图11-14所示。

图11-14

2. 利用颜值进行营销

人们总会受美丽的人或物所吸引，除了利用才艺展示进行营销外，主播们还常利用自己的高颜值来进行营销。采用这种营销方式的主播大多都是俊男靓女，他们拥有较高的颜值、较好的身材，也精通服装搭配和化妆，能包装自己。美好的颜值就是他们吸引粉丝的利器，很多粉丝会为了体验主播的美丽颜值而进入直播间。抖音的某女播主就利用自己的高颜值，吸引了不少粉丝进入直播间，如图11-15所示。

主播们利用颜值将粉丝吸引进直播间以后，就可以进行下一步的营销行动，如帮某些品牌进行宣传。

3. 利用网红明星效应进行营销

明星和网红们自带流量，他们只要开直播，直播间一般都不会缺少粉丝。有些网红或者明星会利用自己的粉丝流量进行带货，从而获利。有些资金充足的品牌方或者商家，也会选择利用明星效应来增加直播间的粉丝量，从而推广产品。某款网络游戏就邀请了某位女明星开直播，来进行游戏宣传，如图11-16所示。

图11-15

图11-16

图11-16中的部分粉丝，已经在评论中表示会玩这款游戏了。由此可见，这种营销方式的营销效果还是比较好的。但商家和品牌方也应该在预算范围内，选择最贴合产品风格的明星来进行合作。

4. 利用独特性进行营销

新媒体团队如果拥有某些独家信息，或者准备推广的产品具有其他产品所不具备的特点，在直播时，就可以通过强调这些产品或者信息的独特性来进行营销。信息独特性包括团队有某些专利授权或知识版权，或者获得了某些品牌的独家冠名，或者团队是某些信息的唯一渠道方。产品独特也可以是市场上还未发布的新品。2019年2月13号，小米就利用直播来进行了新品发布，从而推广了产品，如图11-17所示。

　　小米本次直播发布的产品是小米10智能手机，该产品被小米称为10年来的"梦幻之作"，拥有许多之前的产品所没有的特点，例如，它拥有最快的散热系统，最快的闪存和内存，最强的摄影系统，还具有P2i防水功能，如图11-18所示。

图11-17　　　　　　　　　　　　　　　　　　图11-18

　　小米正是利用产品所拥有的这些独特性来进行直播营销。此外，这是小米首次与深圳卫视合作进行直播，所联合的平台和媒体渠道有71家之多，这也是本次直播所独有的。因此小米的该次直播营销，取得了不错的成绩，使得小米再一次打响了自己品牌知名度，同时也提升了产品的销量。

5. 利用采访进行营销

　　利用采访进行营销是指主播在直播时通过采访专家、路人或者名人嘉宾来吸引粉丝的关注。采访过程中通常会有一些互动环节，主播一般会询问被采访者对目标营销产品的看法或者使用感受。

　　名人嘉宾的影响力与号召力比较强，他们对产品的看法会影响粉丝对产品的看法。专家本身就具有一定的权威性，如果专家对产品给予肯定，那么大众也会更加认可某款产品。路人就是跟粉丝一样的普通大众，采访路人有助于拉近主播和粉丝的距离，如果多名路人都对产品比较认可，这样会显得更加真实，观众会对产品更加信赖。

某洗发水品牌就邀请了某位知名男明星进行直播，并在直播中采访了该位男明星对产品的看法，如图11-19所示。

从图11-19中可以看出，该明星认为使用了这个品牌的洗发水以后，会使自己的头皮更加清爽，而该位男明星拥有非常多的年轻女性粉丝，女性又是洗发水的主要消费群体，粉丝们听到自家偶像对产品的赞扬以后，对该产品的认可度自然也会上升，以后就更有可能会购买这个品牌的洗发水，这就是这次直播营销的目的。

6. 利用利他性进行营销

利他性就是在直播中让粉丝获得某些收获，这些收获可以是一些小礼物或者购买的产品优惠，也可以是一些知识分享或技能传授。最常见的利他营销是知识分享，主播们可以在讲解某些知识或技能的同时，介绍目标产品的特点和使用技巧，让粉丝觉得这个产品对自己有帮助，从而推广了产品。

某书籍营销号在直播中为粉丝讲解某本书中的知识，并告诉粉丝们该书可以给他们带来怎样的思想提升，从而推荐粉丝购买这本书，如图11-20所示。从图中可以看出，部分粉丝已经受主播影响，想要在直播间里读书了。

图11-19　　　　　　　　　　　　　　　　图11-20

总之，利用利他性进行营销，就是要让粉丝觉得来到这个直播间是值得的，是有所收获的，并且购买产品会有很大的益处。这样，他们会认同推广的产品，也自然愿意下单购买了。

7. 利用对比进行营销

对比才能显示出差距，一个产品的功能再好，优点再多，如果没有另一款产品进行对比，其功能与性能的优越之处就无法突出地显示出来，观众也不会产生购买冲动。

因此，主播在直播营销时，可以将目标营销产品与它上一代的产品或者竞品进行对比，将两者的差异直观地展现出来，让粉丝们体会到目标营销产品具有的优势，从而更认可这款产品。某瓷砖品牌就在直播中，比对了自己的产品和其他产品的差距，如图11-21所示。

图11-21

从图11-21中可以看出，主播将瓷砖倾斜，并尝试踩在瓷砖上，从而直观地对比两款瓷砖的防滑度。判断瓷砖是否值得购买的关键因素之一就是它的防滑度，直播中的对比让粉丝体会到该款瓷砖的防滑程度，容易让观众"种草"这款产品。

11.9

直播营销的策略组合

直播营销是指企业或者商家以各大直播平台为载体进行的营销活动，目的是为了提升品牌形象、促进产品销量。而直播营销的策略组合是指，商家在进行直播营销时，可以采取的一些组合策略。直播营销策略组合的内容构成，如图11-22所示。

图11-22

从图11-22中可以看出，直播营销的策略组合主要由4部分内容构成，分别是人物、产品、创意和场景。新媒体团队借助这4部分内容，可以组成一个万能的策略模板，内容包括消费者在什么消费渠道、购买了什么产品、在什么场景中使用这些产品、产品使用后获得怎样的效果。而主播所要做的就是真实地展现这4部分内容，让消费者体会到使用主播所推销的产品的好处，并愿意购买。

此外，商家在使用这个策略组合时，不一定要保留每一个环节，可以根据实际情况进行动态组合。例如，计划直播营销的产品是一款高端手机，它的摄像和拍照功能特别好，那商家在直播营销时，就可以重点关注策略组合中的场景和产品，将直播的场景定为户外，并重点展示手机的摄像效果。

11.10

5步设计一个直播营销计划

一场直播活动涉及很多环节，品牌方如果想利用直播营销提升品牌形象和产品销量，就必须在开播前，拟定详细的直播营销计划。好的直播营销计划一般都会展现直播营销各个阶段需要完成的工作。直播营销计划的5个步骤，如图11-23所示。

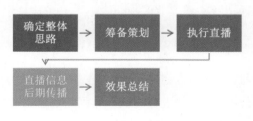

图11-23

这5个步骤展现了直播营销的整体设计，每个步骤都环环相扣，缺一不可。主播应该严格按照这5个步骤，设计直播营销计划。

1. 确定整体思路

确定整体思路是直播营销计划的第1步。主播在做营销计划之前，应该事先理清计划的整体思路，然后再按思路策划和完成整个营销计划。直播营销的整体思路设计主要包括3部分内容，分别是策略组合、目的分析和方式选择，如图11-24所示。

图11-24

目的分析是确定直播营销整体思路的第1步，只有确定了营销的目的，主播才能围绕这个目的，进行后续直播内容的设计。主播可以从目标用户、营销目标、产品特色这几方面入手，提炼出直播营销的目的。

在确定好直播营销的目的之后，主播还需选择直播营销的方式。我们知道，直播营销的方式有颜值营销、明星营销、稀有营销、利他营销、才艺营销、对比营销、采访营销等7种，主播可以选择其中一种或者几种进行组合。

最后是营销的策略组合，营销的策略组合包括人物、场景、产品和创意的组合，主播可以从中选取几个模块进行组合，从而设计出最适合本次营销的直播策略。

2. 筹备策划

筹备策划是设计直播营销计划的第2步，主播确定好直播营销的整体思路以后，就必须根据整体思路，对直播营销进行筹备策划。筹备策划涉及3个步骤，如图11-25所示。

图11-25

筹备策划第1步是撰写直播营销方案。第2步，主播要在正式直播前，检查直播过程会用到的硬件设备，并对直播要用到的软件进行测试，尽可能地避免在直播过程中出现意外情况。第3步，在直播开始前进行预热宣传，尽可能地吸引粉丝进入直播间，为直播间增加人气。

3. 执行直播

执行直播是设计直播营销计划的第3步。前期所有的筹备都是为了直播的执行，但是观众是无法看到这些前期筹备工作的，他们所能看到的只是直播现场。直播现场主要涉及3个环节，分别是直播开场、直播互动、直播收尾，如图11-26所示。

图11-26

主播如果想在直播营销中获得成功，就必须严格按照直播营销方案，从这3个环节入手，谨慎推动直播的进行，从而确保直播顺利完成。

4. 直播信息后期传播

直播信息后期传播是设计直播营销计划的第4步。当整个直播结束以后，直播营销却并没有结束。在直播的过程中，会产生大量的文字、图片、视频等信息，主播如果想将直播营销的效果最大化，可以通过互联网在其他社交平台上传递这些信息，让更多的人能够了解这次直播的内容，从而为后续直播的开展积累粉丝。

5. 总结直播效果

总结直播效果是设计直播营销计划的第5步。在直播结束以后，主播不仅需要传播直播所产生的各种信息，还需要对整个直播进行复盘和总结，即对直播数据进行分析，并判断营销目的达成效果，同时还需要总结出本次直播中的经验和教训，为下次直播做准备。

在直播结束后，为了顺利地收集数据进行复盘，主播需要做好两方面的准备。一是提前设计好数据收集路径，例如，网站分销链接生成、淘宝流量来源设置。二是提前安排好统计数据的人员。目前很多直播平台的数据分析功能都不够细致，因此主播最好安排专门的人员，对不同直播时段的人气情况、不同环节的互动情况，进行人工统计。

11.11

直播方案的执行规划

所有直播的细节几乎都在直播方案中，为了确保直播的顺利进行，所有参与直播的人员，都应该知晓直播方案的具体细节，并将其牢记于心，如此直播方案顺利执行。直播方案的执行规划包括3部分内容：直播项目操作规划、直播项目跟进规划、直播项目宣传规划。

1. 直播项目操作规划

直播项目的操作规划，可以保证直播项目的顺利推进和项目实施的完整性。一个好的方案想要实施，就必须对其进行整体设计，将这个方案实施过程中可能会遇到的各种细节都写出来，所以，进行项目操作规划的最佳方式就是设计一个项目操作规划表，如表11-1所示。

表11-1

时间	7月13日	7月14日	7月15日	7月16日	7月17日	7月18日	7月19日
	周一	周二	周三	周四	周五	周六	周日
阶段	前期筹备			直播执行		后期发酵与传播	
场地							
直播硬件							
直播宣传							

这个项目规划表主体对应3个阶段，分别是前期筹备、直播执行、后期发酵与传播。每个阶段又涉及3部分内容，分别是场地选择、直播硬件准备、直播宣传。主播只要严格按照该项目规划表行动，就能在很大程度上保证直播的顺利实施。

2. 直播项目跟进规划

主播在完成了直播项目操作规划以后，还必须进行项目跟进规划。直播项目操作规划是对项目的整体推进做了一个大致安排，但这些安排还不够细致，直播项目跟进规划就是对这些大致安排的执行细节，再做进一步的细化。这时，也需要制作一个项目跟进表，来呈现方案执行的具体细节。直播项目跟进表，如表11-2所示。

表11-2

版块	提交方/审核方	提交时间	发布平台	内容	形式	前期准备			直播当天		后期宣传	
						7月13日	7月14日	7月15日	7月16日	7月17日	7月18日	7月19日
产场地选择												
直播硬件												
直播宣传												
人员协调												

直播项目跟进表包括场地选择、直播硬件、直播宣传、人员协调4个部分。而"提交方/审核方"指的是该项中某部分内容的负责人，如场地选择中，某部分内容的负责人可能是赵某某或王某某。

"提交时间"指的是任务截止时间，主播最好将每一部分工作都预留出一定的时间，以便最后审核方对工作进行确认。"发布平台"包括直播预热内容需要在哪些地方发布（如微博、微信、抖音）和本次直播所在的平台。"内容"是对该项中涉及内容的简要描述。"形式"是指项目的展现形式，包括了视频、图片或文字等内容呈现方式。日期部分记录该项目的具体推进时间。

需要注意的是，直播项目跟进表可以调整，主播可以根据实际情况，增减项目跟进表的具体内容和模块。

3. 直播项目宣传规划

主播要想确保在直播时，有足够多的粉丝进入直播间，就必须在直播开始前进行宣传规划。但是直播营销和个人的普通直播不同，个人普通直播只要直播间拥有足够多的粉丝就够了，直播营销则额外要求进入直播间的粉丝，最好是促销产品的目标消费群体。

例如，某个直播营销的目的，是要推销某款化妆品，那么主播就要努力吸引年轻的女性群体进入直播间，这类群体才是这个产品的目标消费者。如果主播想要直播营销取得好的效果，就必须有针对性地进行宣传规划。在这方面，主播可以围绕3个关键点，设计直播项目宣传规划，如图11-27所示。

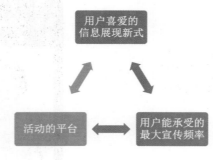

图11-27

第一，确定目标粉丝活动的平台。目前，互联网上存在着众多的信息交流平台，这些不同平台的用户都拥有不同的特点。例如，豆瓣平台上聚集的大多是一群"文艺青年"，他们热爱阅读，喜欢电影。如果某场直播营销要销售一些文创产品，就可以选择在豆瓣平台进行宣传。

微博平台的用户大多是热爱新鲜事，爱追求热点的人，如果直播营销的目的是推广一些有新意或者有特色的新产品，就可以选择在微博上做宣传。此外，微博平台的用户群体非常庞大，除了这些爱追求新鲜事物的年轻人以外，还存在着大量的其他类型的用户群体，因此不管直播营销的目的是什么，由于其庞大的用户群体，都可以尝试在这个平台做宣传规划。某家居廊就在微博进行了直播项目宣传，如图11-28所示。

微信平台也是一个进行直播项目宣传的绝佳场所，主播在微信进行直播项目宣传一般有两种途径，一种是通过微信公众号；另一种是通过微信朋友圈。微信公众号的类型很多，其面对的用户群体也不同，因此，主播应该根据直播营销的目标用户群体，来选择合适的公众号进行宣传。朋友圈的用户黏性一般比较大，很多商家会选择将一些老顾客拉进一个社群，或者利用某一个特定的微信号将这些老顾客都聚集在同一个朋友圈，以便进行营销宣传。

第二，确定目标用户所喜欢的信息展现形式。不同用户喜欢的信息展现形式不一样，有的用户喜欢阅读文字，有的用户喜欢浏览图片，有的用户喜欢观看视频。主播应该根据用户的爱好，来决定宣传所采用的信息展现形式。

如果用户喜欢浏览图片，主播可以设计一些有创意的信息长图，或者将含有直播信息的图片组成九宫格。如果用户比较喜欢阅读文字，主播可以撰写一些既有趣味性又有干货的软文，来进行直播宣传。如果用户最喜欢观看视频，主播就可以拍摄一些短视频来进行直播宣传。某短视频教学机构，就选择在抖音利用短视频来进行直播宣传，如图11-29所示。

图11-28

图11-29

第三，确定用户所能承受的最大宣传频率。用户上网一般都是为了休闲娱乐，所以，如果对其投放大量的直播宣传广告，就很有可能引起用户的反感，导致用户不想进入直播间。因此，主播一定要注意直播宣传的频率，最好是进行适度的、有规律的多轮宣传。例如，用户最多能承受三天一次的广告频率，那主播在直播宣传时，就可以在直播开始的前9天、前6天、前3天和直播当天分别进行，力求获得最好的直播宣传效果。

第四，3个关键点重合达成最后的直播宣传规划。直播宣传规划的最终达成，需要3个关键点重合，即在某个平台采取某种信息展现形式，按怎样的频率进行直播宣传。例如，某个直播营销的用户群体在抖音比较活跃，且他们最喜欢通过观看短视频来获得信息，能接受的最大广告宣传频率是3天一次。那么，主播就可以制定一个"以短视频的形式在抖音进行间隔3天的直播宣传"的宣传规划，然后团队中的人员再按照分工执行这个宣传规划。

11.12

策划直播活动引导成交

普通的直播活动一般难度不大，主播只需对着镜头说说话，和粉丝聊聊天，表演一些才艺，或者直接将屏幕共享，将游戏直播画面展现给粉丝就行。这类直播是单纯的娱乐性直播，一般不会涉及产品成交和变现，对主播的要求也不高，不需要在直播前进行周密地计划。但是如果主播或者商家想通过直播活动，促成产品成交，就必须在直播前策划一个活动方案，从而确保直播活动中有一定的产品成交量。

1. 直播活动执行模型

策划直播活动首先要明白直播的执行环节有哪些，然后明确不同执行环节的营销目的，最后将营销目的和执行环节结合起来，对直播活动的营销效果做一个预期判断。也就是说，一个具体的活动执行模型需要3个环节，如图11-30所示。

图11-30

从图11-30中可以看出，直播活动的执行环节包括活动开场、活动过程和收尾环节。每一个环节对应的营销目的都不同，各环节与营销目的的结合，最后要达到的活动效果预期也不相同。

2. 各环节对应的营销目的

开场环节的主要营销目的是取得粉丝的好感，让粉丝能够了解这场直播的主要内容，直播的组织者和直播展现形式等信息。而直播过程的营销目的是提升粉丝对直播的观看兴趣，最好要让粉丝对直播中出现的某些产品和理念感兴趣。结尾的营销目的是促成粉丝接受直播中推荐的产品或者品牌，从而让粉丝愿意购买这些产品。

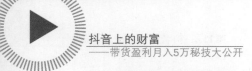

3. 各环节的效果预期

各执行环节的具体实施必须围绕营销目的展开，主播根据这两者就可以对直播活动的营销效果做一个预期判断，并力求在真正直播时能够达到这个效果。

一般来说，开场环节最好能将足够多的粉丝快速引入直播间，这就是本环节最好的效果预期。接下来在直播过程中，主播应该多与观众进行互动，或者讲解一些有趣的内容，力求让粉丝产生沉浸感，从而愿意停留在直播间，这样的效果预期就比较好。在结尾环节，最好的效果预期就是让粉丝们对本场直播产生留恋，舍不得本场直播结束，能够让他们产生"下次直播在什么时候""还想再看看""产品很好，很想买"等想法。

11.13

掌握6大开场法，直播开场不尴尬

开场是直播活动的关键环节，无论直播的内容有多么好，如果不能有一个好的开场让粉丝对直播内容感兴趣，后续的直播活动就很难开展，直播也很难获得成功，因此主播一定要好好考虑直播的开场方式。

一般而言，一个好的开场具有引发粉丝观看直播的兴趣，并将粉丝带入直播场景的作用。常用的直播开场方法主要有6种，分别是提出某些问题开场、借助某些热点开场、直白地介绍直播信息、通过讲故事开场、借助道具开场、呈现某些关键数据开场。

1. 提出某些问题

有疑问就会有思考。主播如果在直播刚开始时就向粉丝提出一个或者两个与本次直播内容相关的问题，不仅可以增加粉丝的参与感，还可以引发粉丝对本次直播的思考，让他们更了解本次直播的内容。同时，主播也可以提出一些与粉丝自身相关的问题，如粉丝的爱好有哪些，粉丝们主要在哪些地区，对本次直播有什么期待。这样可以帮助主播了解粉丝，从而更好地开展直播。

此外，问题不仅可以由主播提出，还可以让粉丝提出，即主播在直播开场就让粉丝提出某些想要了解的问题，然后对这些问题进行解答。

该主播在正式直播时，开场就提出了直播预告中所涉及的问题，即面试应该怎么回答，先让粉丝对这个问题进行一些思考，并邀请某些粉丝回答这个问题，在获得一定的互动热度以后，主播再对这个问题进行专业解答。这样的直播开场方式，在一定程度上调动了粉丝参与直播的积极性，从而让后续的直播开展变得更加的顺利。

2. 借助某些热点

热点问题本身就引人关注，可以激发人们参与讨论，且自身就带有一定的流量，因此，借助某些热点进行直播开场，也是一种很好的直播开场方式。主播可以在直播刚开始时，就提出某个热点和粉丝们进行讨论，询问粉丝们对该热点的看法，或者用某个热点直接引出接下来要直播的内容，这样就能推动直播的开展。

短视频变现是近几年的一个热点，抖音的某位主播就在直播的开场提出了这个热点，并对这个热点进行了介绍，以此来引出后续直播的内容，即讲解在短视频时代如何玩转手机剪辑后期，如图11-31所示。

图11-31

主播借助热点问题做了直播开场以后，就会讲解短视频剪辑的相关内容，如此将热点与本次直播的内容紧密联系，吸引了粉丝驻留并观看直播。并且，商品的购买链接就在直播屏幕的右下方，粉丝如果对直播内容感兴趣，就可以下单购买相关产品，主播也可以因此实现盈利。

3. 直白介绍直播信息

主播可以在直播开场时，开门见山地告诉观众本次直播的相关信息，包括自我介绍、直播话题介绍、直播流程、直播时长等，特别是一些含有观众福利的小环节一定要重点提到，比如抽取观众送礼品、发红包等。

4. 通过讲故事开场

对于专业性比较强的直播内容来说，可以用一个生动的故事开场，将观众带入直播所需

的场景中，这样的方式与直白讲解专业知识相比，会显得更有趣味性，不那么枯燥，也更容易留住直播间的观众。

5. 借助道具开场

借助道具开场是一种十分经典的开场方式，主播可以根据直播的内容不同，来选定具体的开场道具，开场道具包括：企业产品、团队吉祥物、具有代表性的卡通人物、旗帜或标语，等等。例如，在知识分享类直播中，可以采用书籍作为开场道具；在户外直播时，也可以随机选择身边的道具进行开场。

6. 呈现某些关键数据

用数据说话，能体现主播的专业性及其对所讲解问题的熟悉程度。主播可以提炼直播内容的关键数据，充分利用数据开场。但需要注意，直播开场的数据必须真实可信，否则容易导致观众在留言区发表质疑，反而带来负面影响。

11.14

5大直播互动方式，让你的粉丝快速增长

直播间的活跃程度，可以衡量当次直播的成败。主播与观众互动，使观众在直播中变得活跃，是直播的一个非常重要的环节。常见的直播互动方式包括5种，分别是：直播红包、参与剧情、弹幕互动、礼物打赏、发起任务。

1. 直播红包

在直播过程中，观众可以为主播送出"游艇""玫瑰"等礼物，表示对主播的支持和喜爱，但在直播间中，主播却只能在口头对观众进行感谢。所以，如果主播想要对观众的谢意，聚集人气，可以利用第三方平台发放红包或者等价礼品。直播发放红包的步骤，如图11-32所示。

图11-32

首先是约定时间。在直播时，主播需要事先告知观众发放红包这件事，并与观众约定好时间，例如，"1小时后咱们准时发红包""19点整粉丝们记得蹲点噢"，这样一方面是通知观众抢红包的时间，另一方面也暗示观众们可以邀请自己的亲朋好友加入直播等待红包，让人气变得更旺。

其次是平台说明。由于发放红包、福利无法在直播间中直接进行，因此主播必须向观众提前进行平台说明。主播可以选择常见的第三方平台，例如，微信、支付宝、微博等，这一步不仅是为观众指路，更深层次的目的是进行站外引流，促进直播结束后的直播效果发酵。

第三是红包发放。到达约定时间后，主播或团队成员可在相应平台进行红包发放。在这个环节中，要注意调节氛围，比如，在发放红包之前进行倒计时，或者在第一次红包发放后，发现气氛非常热烈，可以适时增加一轮红包发放。

2. 参与剧情

观众参与剧情目前在直播领域比较少见，但国内外主播都有在这方面进行尝试。征集观众意见，对直播中的主人公进行行为指导，这就是参与剧情的互动方式。例如，2015年，某男士香氛品牌就在游戏直播平台上发起了一个不同寻常的参与剧情式直播，具体内容为，请一位演员到野外丛林中生活三天，期间，这位演员的所有行为都由观看直播的用户来控制。平台会统计用户在观看直播时，通过聊天输入的行为意见，而票数最高的动作就会成为演员的下一步动作。

这一直播互动模式，无疑是用户参与度最高的，也是最有创意的。这样模式的直播，不仅趣味十足，还能让观众提升参与感，并获得尊荣感。

3. 弹幕互动

弹幕是直播间中的互动专区，观众会利用弹幕留言来与其他观众或者主播进行互动。弹幕中的留言对于主播来说十分重要，主播必须挑选部分留言进行回复，或者根据留言指令进行下一步行为。直播间中的弹幕互动，如图11-33所示。

图11-33

在图11-33所示的直播间中,弹幕区的观众直接询问这一产品是否短款,于是主播直接在直播间中进行回答。不久,又有观众问道:"158斤穿哪个码",这一问题或许是提给观众,或许是提给主播的,但有善良的观众直接在弹幕中回复"38",意思是158体重的女生应当穿38码的本款产品。主播需要时刻关注弹幕区观众的留言,并获得观众的好感,以提升产品的销量。

4. 礼物打赏

在直播过程中,出于对主播的喜爱,观众会赠送礼物或打赏,比如在直播间刷礼物给主播,这时,主播一般会念出对方的ID并表达感谢。主播对观众表示感谢的这个操作是直播中必须做的,不仅从侧面体现主播的专业素质,也让观众乐于继续给主播打赏。抖音直播间的打赏位置,如图11-34所示。

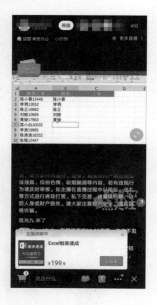

图11-34

在礼物打赏环节中,礼物是观众对主播的支持,而主播则对观众进行答谢,一来一往,虽然在这类互动中,难以进行更深层次的交流与沟通,但还是形成了直播间的基本互动生态。

5. 发起任务

发起任务是指在直播中,主播号召所有来到直播间的观众,在某特定的地点进行一些特定活动,比如,占领留言区、晒出同步动作等。占领留言区是指邀请观众共同在某论坛中,或者某微信公众号的评论区留言。晒出同步动作,是指主播号召粉丝做出某款相同的动作,并在社交平台进行分享。

11.15

掌握收尾技巧，关了直播也能持续卖货

直播分为带货直播与普通直播两种。在带货直播时，直播现场的营销效果往往取决于直播开场、中间的互动程度，而直播结束后的营销效果，则取决于直播收尾部分的引导是否成功。对于直播收尾来说，关键的问题在于，不管直播时观众是几万还是十几万，结束后观众数量都会归于零，所以带货直播与普通直播的主播与团队，都需要明确流量的引导方向。带货直播与普通直播的流量平台与对应的收尾方式，如图11-35所示。

1. 销售转化

将直播间中的流量引导至销售平台，是带货直播的终极目的。对于抖音中的直播来说，大多不存在这一困扰，因为主播们在进行直播时，购物链接就挂在页面左下角的购物车中，如图11-36所示。

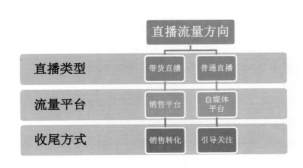

图11-35

图11-36

如果是在抖音中进行直播，为自己的店铺引流，那么可以在直播结束时，用一些优惠和福利，引导观众进入到购物平台。例如，在直播即将结束时，主播说："感谢大家长时间的

陪伴，一会儿直播结束后，大家可以登录某宝平台，找到我们旗舰店的在线客服，告诉她我们的通行密语，就能以5折的价格买到这款羊绒毛衣噢！大家一定要抓紧时间，我们的毛衣数量有限，售完即止！我们某宝平台见啦！拜拜！"

能在直播间留到结束的观众，本身就是对商品非常感兴趣的观众，这样的引导再加上优惠的吸引，能将观众引到第三方平台购买商品。

2. 引导关注

在普通直播时，主播的目的是引导观众关注自己，所以在直播结束时，可以直言："今天的直播到这里就快要结束啦，感谢大家的陪伴！对我们的内容感兴趣的观众们呢，可以关注我，我们会持续为大家带来有意思的内容，也会不定期直播给大家送福利噢！"

同时，主播最好在结束语中，将如何关注自己的具体方式说出来，引导观众进行关注。观众关注一个账号，除了喜爱账号的调性、内容外，也可能是为了一些优惠和福利。所以，主播可以强调一下后期直播中的福利，让观众更加心甘情愿地进行关注。

> **知识加油站**
>
> 主播还可以用短视频开头或结束的常用slogan（口号，标语或广告词），加入直播的收尾语言中。slogan是打造个人IP的利器，如果能将短视频与直播用的slogan连接起来，在打出广告的同时，也让观众对主播IP的印象更加深刻。

11.16

主播必备的4大直播技巧

做高效而又成功的直播，需要一定的技巧。这些技巧可以帮助主播提升直播间的人气，提升直播间的粉丝活跃度，并解决一些直播间的突发问题。所以，主播如果想要利用短视频直播盈利，就要掌握这些直播技巧。

1. 引流技巧

一个直播间如果没有人气和流量，那么这个直播间所拥有的变现价值就不会太大，因为粉丝就是潜在的消费者，只有进入直播间的人多了，主播才能够利用直播创造更大的经济效益。所以主播一定要掌握一些引流技巧，为直播间吸引更多的粉丝。

第一，硬广引流。硬广指纯粹的广告，主播与团队可以借用商品品牌方的官方宣传渠道为直播进行宣传推广。官方渠道是指官方网站、认证微博、官方微信公众号等。主播可以通过这些渠道，直截了当地传播直播的时间、参与嘉宾、直播福利等信息。

第二，软文引流。品牌方可以将引流的软文投放到目标用户活跃的平台，并在文末引导用户点击直播间网址或者下载直播软件等。

第三，视频引流。许多抖音账号，会在直播前拍摄几段剧情简单的预告短视频，为后面的直播引流，如图11-37所示。

图11-37

第四，问答引流。这是一种用得比较少的引流方式，具体做法是，在类似知乎、百度知道这样平台上，以企业或个人的账号，在特定领域相关的问题下进行回复。例如，某用户在平台中提出"什么手机价格便宜，又好用？请推荐性价比高的手机。"那么团队或主播可以给出回答，"明晚有某品牌手机的新品发布直播，届时，直播间会发放大额优惠券，同品牌手机都适用。可以来直播间看看！"随后附上直播间的地址或到达方式。

第五，线下引流。这是一种比较传统的引流方式，在新媒体时代，虽然稍显"冷门"，但依旧存在其实用价值。例如，在娱乐产业不发达的农村，就可以进行一场线下引流，为大众发放一些福利，并引导其观看之后的直播，为直播间增加人气，以提升销售额。

2. 颜值提升技巧

主播的颜值是直播非常重要的一个部分，不论在何种类型的直播中，高颜值永远是一个加分项。那么，对于主播们来说，除了化妆外还有什么小技巧可以提升颜值呢？可以掌握下面5个小技巧，让主播颜值瞬间提高一个档次：

- 调整摄像头的位置。主播可以在开播之前，将摄像头的角度调整为：从脸部的斜上方30°部分切入，可以让脸部轮廓得到美化。
- 调整摄像头的角度以及缩放级别。主播可以在直播开始前调整摄像头与脸部的距离，提前选择最佳距离，找到拍摄效果最好的位置，并固定摄像头，同时也固定好主播自己的位置。

- 保证光线充足。在直播开始之前，主播要检查自己是否处于背光位置，保证直播时光线从正面照射在自己脸上。同时，要保证光线柔和、充足，不能太过强烈，防止出现眩光、晕光等情况。

- 设置直播背景。大多数情况下，个人直播的地点就是在自己家中。在家居环境中，比较常见的是生活化的摆设和场景，或者光秃秃的白墙，这显然都不是最好的直播背景。建议有条件的主播可以提前准备好专门的背景纸，并注意不要与服装颜色产生冲突。

- 购置适合的摄像头。为了提升上镜效果，主播可以在摄像头的选择上多下一点功夫，尽量选择高清摄像头，提升观众的观感，也提升自己在镜头下的颜值。

3. 应对故意刁难的技巧

随着网络直播的普及，直播观众的群体人数也在不断增加。观众们的需求、口味都不同，甚至个人素质也不尽相同。对于主播来说，学会应对观众提出的各式各样的要求是主播的必修课。在很多直播中，会出现故意刁难主播的观众，遇到这样的情况，主播们应该怎样应对呢？可以视不同的观众类型进行应对。

第一类，要求型观众。这类观众会在直播间中提出一些要求请主播完成，但这类要求是主播不擅长的，或者不太愿意完成的。例如，有的主播不擅长跳舞，但某位观众多次在直播间的弹幕区要求主播跳舞，甚至扬言主播不跳舞就不打赏礼物，或者退出直播间。这时，不管这位观众是恶意还是无心，已经将主播推入了一个比较尴尬的境地。主播应当怎样应对呢？

直接回复："就是不跳""爱看不看"之类的话语肯定不合适，这种负面得回应容易使矛盾激化，导致观众流失。主播可以采用3种方式进行回应，如图11-38所示。

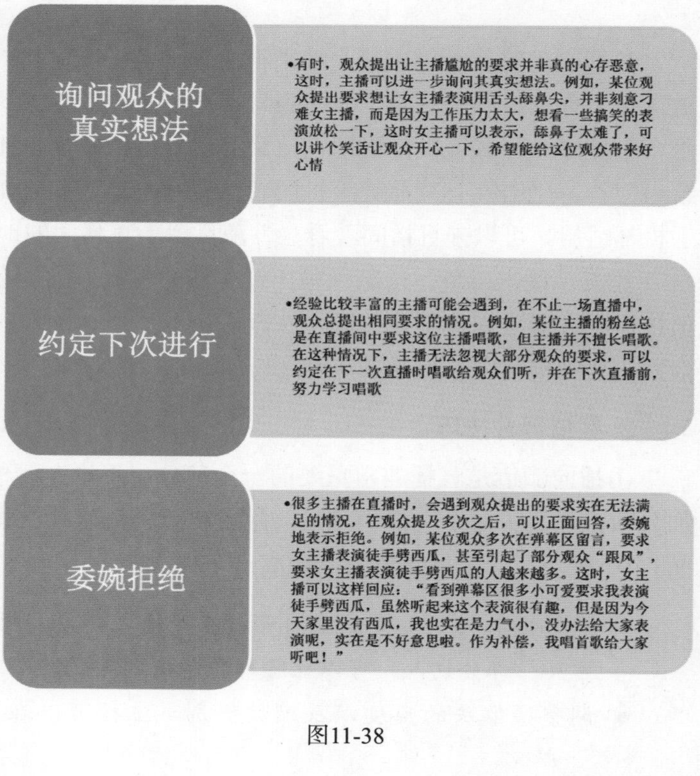

询问观众的真实想法	有时，观众提出让主播尴尬的要求并非真的心存恶意，这时，主播可以进一步询问其真实想法。例如，某位观众提出要求想让女主播表演用舌头舔鼻子，并非刻意刁难女主播，而是因为工作压力太大，想看一些搞笑的表演放松一下，这时女主播可以表示，舔鼻子太难了，可以讲个笑话让观众开心一下，希望能给这位观众带来好心情
约定下次进行	经验比较丰富的主播可能会遇到，在不止一场直播中，观众总是提出相同要求的情况，比如某位主播的粉丝总是在直播间中要求这位主播唱歌，但主播并不擅长唱歌。在这种情况下，主播无法忽视大部分观众的要求，可以约定在下一次直播时唱歌给观众们听，并在下次直播前，努力学习唱歌
委婉拒绝	很多主播在直播时，会遇到观众提出的要求实在无法满足的情况，在观众提及多次之后，可以正面回答，委婉地表示拒绝。例如，某位观众多次在弹幕区留言，要求女主播表演徒手劈西瓜，甚至引起了部分观众"跟风"，要求女主播表演徒手劈西瓜的人越来越多。这时，女主播可以这样回应："看到弹幕区很多小可爱要求我表演徒手劈西瓜，虽然听起来这个表演很有趣，但是因为今天家里没有西瓜，我也实在是力气小，没办法给大家表演呢，实在是不好意思啦。作为补偿，我唱首歌给大家听吧！"

图11-38

图11-38所示的三种应对故意刁难观众的方法，并不是唯一的，只要回应态度端正且不会影响观众的好感度，主播们可以自由发挥。同时这三种方式可以组合使用，例如，在委婉拒绝无果之后，主播可以与观众约定，下次再进行这个表演。

第二类，批评型观众。这类观众应当是主播最常遇见的了，在主播进行直播时，因为观众的审美不同，会有一些观众在其他观众称赞主播的容貌以及才艺时，跳出来表示"是不是整过容啊？""哪里好看了啊？"等异议，对于这样的抨击，主播可以选择不予理会，或者用幽默的方式进行回应。

例如，面对质疑主播是否进行过整容手术的观众，主播可以笑着回应说："是呀，我是整过容呀，我在妈妈肚子里整的，要感谢妈妈呢！不仅手艺高超还免费！"用这样的方式来调侃，会显得主播的情商非常高，可以增加观众的好感度，也不着痕迹地化解了尴尬。

第三类，对比型观众。这类观众有时会显得比其他类型的观众更和颜悦色一点，他们会在主播唱完一首歌后留言："没有原唱好""唱得没有另一个主播好"之类的话语，让主播稍显尴尬。

这类观众也许并没有多大的恶意，主播也可以用轻松的心态回应。例如，主播如果也是曾受过专业训练的人士，就可以从专业角度为观众分析原唱与自己唱法、风格不同在哪里，并表示如果观众喜欢，下次可以换一种演唱方式。如果主播未受过专业训练，那么面对观众的质疑，也可以大方地表示，自己会不断学习，争取给大家带来更好的表演。

主播认真给出回应，会让本身提出质疑时没考虑太多的观众觉得自己得到了重视，可能会因此进行反思：自己是不是也存在表达上的问题；主播甚至可能会因为这样不卑不亢的态度而收获一位粉丝。

11.17

直播中的注意事项

直播能即时地将直播间的所有情况呈现在观众面前，如果出现任何不当的动作或不合时宜的语言，都会被观众尽收眼底。直播开始之前，主播及其团队会多次进行硬件调试、软件测试，包括核对已策划好的直播整体流程与各环节的话术，但这并不代表是有了筹备就能万事大吉。在直播中，永远都会有"意外"发生，"照本宣科"并不能带来好的直播效果。

一场好的直播活动，需要平衡好两个方面：一是前期策划，主播需要按照策划好的流程与台词去完成直播；二是观众互动，主播需要友好地引导观众参与直播环节。为了保证整体流程被完美执行，以下三个方面需要特别注意。

1. 反复强调营销重点

一场晚会或一次球赛，现场观众在开始前就已落座，重点部分在开场点明即可。但网络直播随时会有新人进入，主播需要在直播进行中，反复强调营销重点。在直播进行中可以强调的营销重点，如图11-39所示。

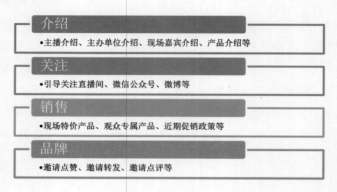

介绍
• 主播介绍、主办单位介绍、现场嘉宾介绍、产品介绍等

关注
• 引导关注直播间、微信公众号、微博等

销售
• 现场特价产品、观众专属产品、近期促销政策等

品牌
• 邀请点赞、邀请转发、邀请点评等

图11-39

2. 减少自娱自乐，增加互动

直播与短视频不同，不是单向的表达，直播更注重互动。在直播过程中，观众们会通过弹幕将自己的情感或需求表达出来，主播要时刻关注并选择性地给予回复。如此，才能让观众感到被重视，获得参与感，提升对本次直播以及主播的好感。

有时，刚接触直播的新晋主播们，会过于关注计划好的直播安排，忧心直播没能按照既定流程推进。所以，在直播过程中，可能会为了符合既定流程，匆忙地推进直播的节奏，迅速结束一个环节，进入另一个环节。但实际上，在现实中很难有一场直播是完全按照既定流程走完的，主播与团队无法精准预测所有的随机因素，包括观众的反应等，所以，任何直播都需要在既定计划的基础上随机应变，主播要提前做好心理准备。

3. 注意节奏，防止被打扰

在直播进行过程中，观众的弹幕是不可控的。出现部分观众对主播发出指责、批评这类情况，是无法避免的。如果主播过于关注负面评价，肯定会对心情造成影响，从而影响整体的直播状态。

所以，在直播进行中，主播要学会选择性地与观众互动。对于表扬或点赞，主播可以积极回应；对于善意的建议，主播可以酌情采纳，并表示感谢；对于正面批评，主播可以用幽默的方式进行化解，或者虚心接受，表示日后改进；对于恶意的谩骂，主播可以不予理会，也不要放在心上。

主播一定要时刻把握住直播的中心原则：自己就是控制全场节奏的主角，要避免被各类因素影响自己，灵活调控直播进度。